Wineries Bodegas

Architecture & Design   Arquitectura y diseño

H KLICZKOWSKI

Wineries Bodegas

Architecture & Design   Arquitectura y diseño

Idea and Concept/Idea y concepto: **Paco Asensio, Hugo Kliczkowski**
Editor and Texts/Editores y textos: **Hans Hartje, Jeanlou Perrier**
Editorial Coordination/Coordinación editorial: **Llorenç Bonet**
Art Direction/Directora de arte: **Mireia Casanovas Soley**
Layout/Maquetación: **Ignasi Gracia Blanco**
English translation/Traducción al inglés: **Robert Nusbaum**
Spanish translation/Traducción al español: **Sol Kliczkowski**
English copyediting/Edición del inglés: **Matthew Clarke**

Introduction photos/Fotografía de la introducción: © **Richard Waite**
Drawing villa Zapu Courtesy of/Dibujo villa Zapu cortesía de: © **Anna Lundstrom**
Photos of the summary and pages 208, 210, 212, 214/**Fotografías del índice y páginas 208, 210, 212, 214:** © **Mészaros István**

 Copyright for the international edition/Copyright para la edición internacional
© H Kliczkowski-Onlybook, S.L.
La Fundición, 15. Polígono Industrial Santa Ana
28529 Rivas-Vaciamadrid. Madrid. Spain
Tel.: +34 91 666 50 01
Fax: +34 91 301 26 83
onlybook@onlybook.com
www.onlybook.com

Editorial project/**Proyecto editorial**

© **LOFT** Publications
Via Laietana 32, 4° Of. 92
08003 Barcelona. Spain
Tel.: +34 932 688 088
Fax: +34 932 687 073
loft@loftpublications.com
www.loftpublications.com

ISBN: 84-96241-78-5
DL: B-27.569-2004

Printed by/**Impreso en**: Gràfiques 94
Barcelona, Spain

LOFT affirms that it possesses all the necessary rights for the publication of this material and has duly paid all royalties related to the authors' and photographers' rights. LOFT also affirms that it has violated no property rights and has respected common law, all authors' rights and other rights could be relevant. Finally, LOFT affirms that this book contains no obscene nor slanderous material.
Whole or partial reproduction of this book without editor authorization infringes reserved rights; any utilitation must be previously requested.

LOFT garantiza que posee todos los derechos necesarios para la publicación incluido el pago de todo tipo de royalties que pudieran derivarse de la relacion con los autores del texto y/o de las fotografías, y que la obra no usurpa ningún derecho de propiedad de las leyes comunes ni derechos de autor o cualquier otro derecho. LOFT garantiza, asimismo, que la obra no contiene elementos obscenos ni difamatorios.
La reproducción total o parcial de este libro no autorizada por los editores viola los dos derechos reservados; cualquier utilización debe ser previamente solicitada.

Summary/Índice

6	Introduction/Introducción
10	Château Haut-Selve
18	Les Aurelles
24	Château Thuerry
30	Señorío de Otazu
36	Señorío de Arinzano
42	Ysios
48	Viña Real
54	Enate
62	Raventós i Blanc
68	Rovio Ronco
74	Badia a Coltibuono
82	Petra
88	Cantina Mezzacorona
96	Alois Lageder
102	Weninger
108	Vinska Klet Bric
114	Disznókó Tokaji
120	Jackson-Triggs
126	Dominus Winery
132	Bodega Séptima
138	Catena Zapata
144	Las Niñas
150	Odfjell Vineyards
156	Almaviva
162	Bodega Pérez Cruz
168	Viña Gracia
176	Vergelegen
184	Shadowfax Winery
190	Palandri Winery
196	Trinity Hill
202	Craggy Range
208	Details/Detalles

The new châteaux

To follow a tradition is not to wear grandfather's hat, but to buy a new one, as he used to do.

Germán del Sol

If you qualify a particular kind of architecture as "new," it is necessary to define how it differs from the architecture of which it is an outgrowth. This holds true for all forms of human expression and architecture is no exception to this rule. Although nowadays the "new" is generally regarded as being superior to the "old," the same cannot be said for good wine: the older it gets, the greater its value. The buildings in which wine ages not only need to protect the wine against the elements, but must also symbolize the value conferred on the wine by the passage of time. The ideal conditions for the maturation of wine are constituted by thick walls and little or no light.

It is generally agreed that it was a stroke of genius on the part of nineteenth-century owners of Bordelais vineyards to build château-like wineries. A château (or a fortress or convent) set in a vineyard makes a clear statement about longevity. And if the building has a robust air about it, you can be sure that the wine is well looked after. Moreover, nobility is always a valuable attribute that strengthens the brand image.

But wineries have developed quite differently in Spain and Latin America, for in these regions, winery owners wereaware of the industrial aspects of winemaking at an early. For example, the barrel room at Bodega Concha in Spain's Jerez region was designed in 1862 by the engineer Joseph Coogan (and not, as is often claimed, by Gustave Eiffel). The expression "the cathedrals of wine" was wined by the Catalan writer Àngel Guimerà (1847-1924) to describe Modernista wineries that resembled a church in their layout of the one central nave and two lateral ones. In this case, the object of devotion is the wine itself.

Things had evolved to this point when, in 1960, the Italian-born California vintner Robert Mondavi transformed the playing field. Here is what Mondavi wrote in *Robert Mondavi Harvest of Joy – How the Good Life Became a Great Business*:

"We in California had enormous potential; I knew we could become one of the great wine-producing regions of the world. But the American wine industry was still in its infancy, and no one seemed to have the knowledge, the vision, or the guts to reach for the gold, to make wines that could stand proudly next to the very best from France and Italy, Germany and Spain. [...]

The winery I envisioned was to be a showcase for the most advanced wine-making techniques and equipment in America, if not the world. Aesthetic would be key. In France, the great châteaux were temples of style, tradition, and refinement. This was the lead I wanted to follow. I wanted my winery to have elegance and style, to be a place that would properly highlight our talents and the work going on inside. I also wanted it to be a place that would attract streams of visitors. [...]

Los nuevos *châteaux*

Seguir una tradición no es ponerse el sombrero del abuelo, sino comprar uno nuevo, como él hacía.

Germán del Sol

Al calificar una arquitectura como "nueva" hay que indicar en qué se distingue de aquella que releva. Así sucede en todas las formas de expresión humana, tanto en las artísticas como en las técnicas, y la arquitectura no es una excepción a esta regla. Ahora bien, si en la actualidad lo que es "nuevo" se toma a menudo como superior a lo antiguo, no ocurre lo mismo con el buen vino: cuanta más edad, más valor tiene. Los edificios en donde envejece el vino tienen, además de la misión de resguardarlo de las vicisitudes del clima, la de simbolizar las virtudes que le concede el paso del tiempo. En resumen, las condiciones ideales para una óptima maduración del vino son anchos muros y poca o nada de luz.

Hoy en día se sabe que los propietarios-viticultores bordeleses del siglo XIX tuvieron la extraordinaria idea de escoger el *château* como modelo de sus haciendas. Este castillo (o fortaleza o convento) emplazado entre las viñas otorga un evidente carácter de longevidad y, además, por su aspecto resistente parece albergar un vino de esmerado cuidado. Asimismo, la nobleza es un valor seguro que otorga una sólida imagen de la firma.

En España y América Latina las zonas vinícolas se desarrollaron de otro modo, ya que los propietarios tomaron antes conciencia de la dimensión industrial de la producción del vino. Por ejemplo, en 1862 la sala de barricas de Bodega Concha en la región de Jerez fue diseñada por el ingeniero Joseph Coogan (y no, como a menudo se afirma, por Gustave Eiffel). La expresión "las catedrales del vino" encierra una simbología, mencionada por el catalán Àngel Guimerà (1847-1924) para referirse a las numerosas bodegas modernistas, cuyo aspecto se asemeja a una iglesia al organizarse la planta en una nave central y dos laterales. La referencia a la eucaristía no es accidental; excepto que en este caso, el objeto de culto es el propio vino.

Se había llegado a este punto cuando a mediados de la década de 1960 el californiano de origen italiano Robert Mondavi revolucionó la situación. He aquí lo que escribió en *Robert Mondavi Harvest of Joy. How the Good Life Became a Great Business*:

"En California teníamos un enorme potencial. Sabía que nos convertiríamos en una de las mejores regiones de producción de vino del mundo. Pero la industria americana aún vivía su infancia y nadie parecía tener el conocimiento, la visión o el coraje para arriesgarse, para elaborar vinos que pudieran competir con los mejores vinos de Francia, Italia, Alemania y España. [...]

La bodega que yo me imaginaba sería un escaparate para las técnicas y los aparatos de producción de vino más avanzados de América o incluso del mundo. La estética sería clave. En Francia, los grandes *châteaux* eran templos de estilo, tradición

From the outset, I wanted my winery to draw inspiration and methods from the traditional Old World chateaux in France and Italy, but I also wanted to become a model of state-of-the-art technology, a pioneer in research and a gathering place for the finest minds in our industry. I wanted our winery to be a haven of creativity, innovation, excitement, and that unbelievable energy you find in a start-up venture when everyone is committed, heart and soul, to a common cause and a common quest."

The wine market has gone global over the past two decades along with the rest of the world economy. Quality is of course a key competitive factor, but it is one that can easily be overlooked – and it is here that architecture comes into play by providing an ideal environment for winemaking also endowing it with noble srroundings.

The most important considerations in winery architecture are hygiene and the use of suitable materials (stone, concrete, brick, metal and wood). The next consideration is the temperature, which is controlled either by building the barrel-aging area underground or by making it out of stone. As for the layout on land where buildings represent a loss of arable soil, most winery buildings are rectangular, although circular spaces tend to be used for fermentation and barrel-aging facilities. Moreover, both the ergonomics (it is said that placing barrels around a central source of water saves legwork when the barrels are rinsed out) and configuration of the winemaking equipment also come into play. Is there any greater enological thrill than to find oneself in the presence of thousands of wine barrels?

Gravity flow winemaking, though hardly an innovative idea (The *Larousse des vins du monde* reminds us that "this technique was in widespread use during the nineteenth century prior to the advent of electric pumps"), is on its way to becoming a standard practice. In this system, the various operations (e.g. destemming, pressurizing and mixing) are performed on a natural or man-made slope, thus enabling the liquid to flow downward rather than being moved from one process to the next by blades or pump pistons. The main reason for using gravity flow is not to save energy but rather to retain the wine's molecular integrity. During vinification, wine's component particles polymerize, which means that they are transformed into molecular chains of progressively greater length (it's no accident that wines are referred to as "complex"). The force exerted on these chains by heat or air can rupture them, which is of course not good for the wine.

The buildings depicted in this book constitute a representative example of the diversity of wineries in the world today. It is also hoped that the book will inspire readers to visit some of the wineries featured in it in order to experience at first hand the marriage of architecture and wine at its best. Cheers!

y refinamiento. Esta era la línea que yo quería seguir. Quería que mi bodega tuviera elegancia y estilo; que fuera un lugar que destacara nuestros talentos y el trabajo que se desarrollaba en su interior. También deseaba que fuera un lugar que atrajera numerosos visitantes. [...]

Desde el principio, quería que mi bodega se inspirara y tomara los métodos del antiguo mundo de los *châteaux* franceses e italianos, pero a la vez que se tornara en un modelo de última tecnología, en pionero de la investigación que reuniera las mejores mentes de la industria. Quería que fuera una plataforma para la creatividad, la innovación, la ilusión, y que estuviera envuelta de esa increíble energía que se posee al iniciar una nueva aventura, en la que todo el mundo se compromete en cuerpo y alma para una causa y una búsqueda común."

A lo largo de estos veinte últimos años, el mercado del vino se ha globalizado. En la competencia comercial prima evidentemente la calidad del producto, pero esta puede pasar desapercibida. Es en este punto donde la arquitectura tiene que desempeñar un doble papel: asegurar al vino las mejores condiciones de crianza y proporcionarle una morada que lo ennoblezca.

Entre los criterios que un arquitecto debe tomar en consideración, la higiene figura en primer lugar, junto con la utilización de materiales apropiados (piedra, cemento, ladrillo, metal y madera). El siguiente parámetro es la temperatura que debe prevalecer imperiosamente. Esta se consigue instalando la bodega en el subsuelo o utilizando la piedra natural como regulador térmico. En cuanto a la ocupación del suelo (donde toda la superficie edificada es terreno perdido para la explotación), la mayoría de los edificios son rectangulares, aunque los espacios circulares suelen albergar la tina y la bodega de barricas. Además, tanto la ergonomía (se dice que la disposición de las barricas en torno a un punto de agua central permite rentabilizar el tiempo para la higiene de las barricas entre dos utilizaciones) como la escenografía del proceso de vinificación forman parte de la configuración del lugar. ¿Existe algo más espectacular que encontrarse en medio de un conjunto de varios miles de barricas?

Finalmente, la organización del proceso de vinificación por gravedad, aunque no sea una novedad –la obra *Larousse des vins du monde* recuerda que "este sistema era corriente en el siglo XIX antes de la invención de las bombas eléctricas"– se está convirtiendo en un modelo. Las diversas operaciones (estrujado, prensado, ensamblaje, etcétera) transcurren a lo largo de una pendiente (natural o artificial) que permite al mosto deslizarse sin ser necesario su agitación por medio de palos o pistones de una bomba. No se trata tanto de una economía de energía, sino de respeto a la composición molecular del líquido: a lo largo de la vinificación, las partículas de las que se compone el vino polimerizan, es decir, se ensamblan en moléculas cada vez más largas (de ahí que se hable de un vino complejo y estructurado), y estas cadenas corren el riesgo de romperse con la combinación del aire y del calor.

Los edificios presentados en este libro constituyen en la actualidad una muestra representativa de la diversidad de viñedos que existen en todo el mundo. Esperamos que la visita virtual les invite a querer comprobar in situ los procesos de elaboración que se desarrollan en estas majestuosas construcciones. ¡Salud!

The year 1984 could be considered the starting point of the renovation undertaken by transatlantic winery architects, with the construction of the Opus One facilities in the Valle de Napa by Scott Johnson; the Clos Pégase built by Michael Graves and the Villa Zapu conceived by the architect David Connor and the landscape gardeners Hargreaves Associates. The latter project is undoubtedly the most noteworthy as it reinterprets the concept of the château: an inhabitable sculpture that became the icon of the winery, to such an extent that it was used as the emblem on its labels, demonstrating that the prestige of a contemporary vineyard does not have to be inherited from the past but can draw on a strong imaginative input.

En 1984 empieza lo que podría llamarse el nacimiento de la renovación de los arquitectos vitícolas transatlánticos con la construcción en el valle de Napa de los viñedos Opus One por el arquitecto Scott Johnson; el Clos Pégase por Michael Graves, y la Villa Zapu por el arquitecto David Connor y los paisajistas Hargreaves Associates. Este último proyecto es sin duda el más destacado, ya que reinterpreta el concepto de *château*: una escultura habitable que se convierte en el icono de la bodega hasta el punto de ser el emblema en las etiquetas y que demuestra que el prestigio de los viñedos contemporáneos no tiene que ser hereditario, pero sí asociado a un arraigado imaginario.

Château Haut-Selve

It was a brazen thing to do: create a vineyard from scratch in the heart of France's Bordelais wine country. But brazen or not, it was accomplished—thanks to the perseverance and expertise of businessman and agronomist Jean-Jacques Lesgourgues, who found just the right property back in 1992. A mere four years later his first grapes were harvested and transformed into wine in a brand new building designed by Sylvain Dubuisson.

Building a brand-new facility required for minute and careful planning. The soil was analyzed, the clones selected, the plots of land marked out, the work schedule defined—nothing was left to chance. And the result? A winery that is a paragon in its class with just the right *soupcon* of the unexpected — for example the patina of rust on the front door. And there's art too — in the guise of contemporary sculptures installed in various locations on the grounds.

The slope of the land makes the long, box-shaped gray and pink building appear to rise up out of the ground. The wide atrium at the center of the building is flanked by two sculptures and has a sloping roof, its purpose being, according to the architect, to "take some of the gravitational force off this building, which is so solidly anchored in the ground." At Château Haut-Selve the harvested grapes are first crushed and pressed and are then transferred to fermentation vats that take up nearly half of the western side of the building. But appearances can be deceiving: it looks as though the rows of vats are progressively distant from one another, which both shortens and softens the perspective. The barrel-aging area, parallel to the vats, has a more intimate feel, with the reds downstairs and the whites on the mezzanine.

The contrast between the two settings reflects the difference in spirit and atmosphere between the wine-making areas and the vineyards themselves.

Esta es la historia de una apuesta disparatada: la de crear una propiedad vitícola en el seno del venerable viñedo bordelés. Nada más concebir la idea se ejecutó, gracias a la obstinación y al saber hacer del empresario y agrónomo Jean-Jacques Lesgourgues. En 1992 aprovechó una oportunidad patrimonial, y cuatro años más tarde se vinificaban las primeras vendimias en un deslumbrante nuevo edificio diseñado por Sylvain Dubuisson.

Todo el proyecto fue minuciosamente planificado y efectuado; el análisis de los terrenos, la elección de los clones, la delimitación de las parcelas, el diseño de las planos, el calendario de las obras: nada quedó libre al azar. El resultado es una propiedad que calificaríamos de modelo, sólo con lo imprescindible –la pátina del tiempo materializada en la puerta oxidada de entrada– y, además, el arte en forma de esculturas contemporáneas instaladas en diversas zonas del viñedo.

La edificación emplazada consiste en un largo rectángulo paralelípedo de color gris y rosa que, gracias a la inclinación del terreno, parece surgir de la tierra. En el primer tercio hay un atrio central, con un tejado saliente (con la idea, dice el arquitecto, "de quitarle gravidez a este edificio bien arraigado al suelo") y una amplia abertura flanqueada por dos esculturas. El proceso de la vendimia se efectúa como antaño, pisada y prensada, antes de llegar a la larga tina de colores fríos que ocupa poco menos de la mitad de la parte occidental del edificio. Sin embargo, las apariencias engañan: el plano muestra una distancia progresiva entre las filas de cubas que estrechan y atenúan la perspectiva. En la bodega, de líneas más intimistas, las barricas se extienden en paralelo con los vinos tintos situados en la zona inferior y los vinos blancos, en el altillo.

El contraste de escenarios muestra la diferencia de espíritu y de ambiente según se esté en el área reservada a la transformación o en la de la crianza del vino.

Architect: Sylvain Dubuisson | Photos: © Georges Fessy | Address: Rue du Port, 33. Saint Selve, Graves, France | Tel: +33 556 20 29 25

Arquitecto: Sylvain Dubuisson | Fotos: © Georges Fessy | Dirección: Rue du Port, 33. Saint Selve, Graves, Francia | Tel: +33 5 56 20 29 25

Château Haut-Selve

The roof of the central atrium is an element that stands out from the rest of the building, acting as a perfect counterweight to provide a sense of weightlessness to a construction that would otherwise be too heavy.

La cubierta del atrio central es un elemento que sobresale del resto del edificio, que funciona como un perfecto contrapeso para dar el punto justo de ingravidez a una construcción que, de otra manera, sería demasiado maciza.

Château Haut-Selve

Château Haut-Selve

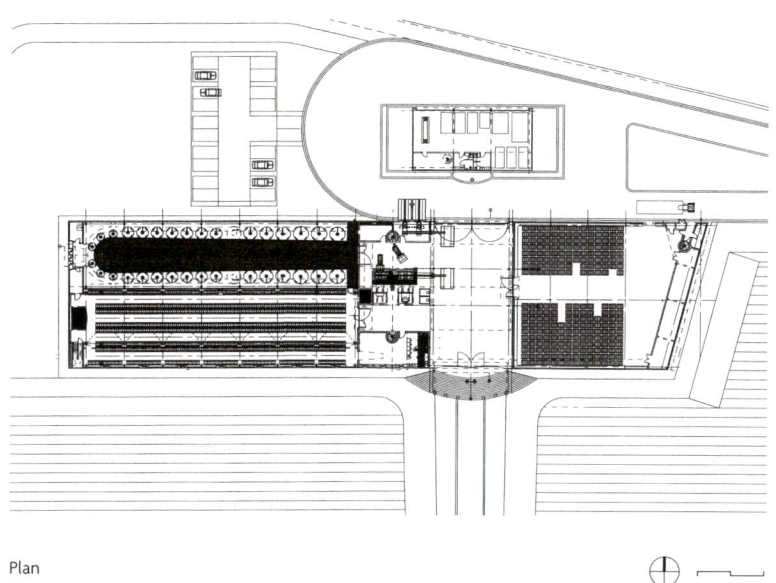

Plan
Planta

Château Haut-Selve

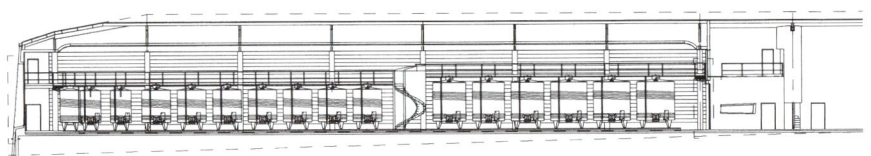

Longitudinal section
Sección longitudinal

Château Haut-Selve

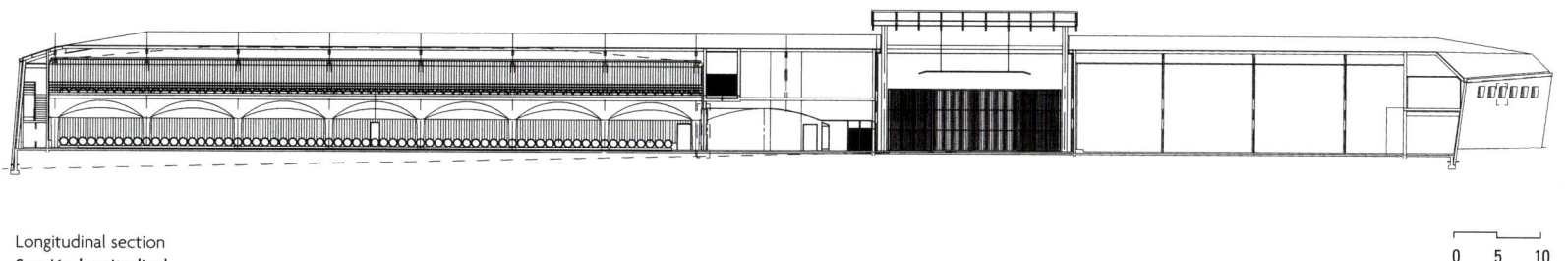

Longitudinal section
Sección longitudinal

0 5 10

Château Haut-Selve

Les Aurelles

Les Aurelles' most unusual feature is that it's made almost entirely of cut stone. The mere fact that the architect had the patience and perseverance to work with this material and the attendant technique and aesthetics makes the building well worth a close look. Upon doing so, one discovers that the stone has everything going for it, except perhaps ideas – though the fact of the matter is that the same could be said of all the buildings featured in this book.

Though heavy and massive, cut stone has numerous advantages, including its remarkable ability to retain heat and deaden sound. Although the stone used here (which is the same as that in Nimes's Pont du Gard in France) is too fragile for use as exterior cladding, it is inexpensive and easy to assemble.

But cost factors are not the only sound reason to make a cut-stone construction. This material also has ecological attributes, and this makes sense for wine – a natural product par excellence.

The photos of Les Aurelles clearly show how beautiful it is, particularly in the play of light on the stone – although it may seem paradoxical to talk about "light" in connection with the world's most opaque building material. But there's no paradox at all. The stones used to construct the winery were only cut on three sides (to obtain dimensions that would result in horizontal courses), whereas on the inside walls traces of the extraction from the quarry are still visible. The only natural light that enters the winery comes from an opening in the top of the walls. In combination with the rough surface of the stone, this indirect light creates a luminous diffuseness that dovetails perfectly with the aroma of the wine fermenting in the barrels – and the silence that pervades the entire setting. A true feast for the senses.

La particularidad de Les Aurelles consiste en ser, casi en su totalidad, de piedra de sillería. La persistencia con la que el arquitecto buscó promover este material, la técnica utilizada y su estética merece que examinemos el edificio detenidamente. Descubrimos entonces que se le debe mucho a este material, excepto tal vez las ideas; pero, ¿acaso no hay ahí algo en común con el resto de los edificios que se presentan en este libro?

Algunas de las ventajas de este procedimiento es que, al ser pesada y maciza, la piedra ofrece una destacada inercia térmica e insonorización; además, este material (el mismo que se utilizó para edificar el puente de Gard en Nimes, Francia) al ser demasiado blando para emplearlo de paramento, no es muy costoso, y su ensamblaje parece un juego de niños.

Pero estos argumentos no se reducen solamente a los aspectos económicos, sino que utilizar piedra de sillería tiene a su vez la intención de contribuir a la ecología, lo cual es lógico, puesto que el vino es ante todo un producto natural.

Finalmente, las imágenes de Les Aurelles ilustran su belleza, sobre todo con los efectos de la superficie revelados por la luz. Puede parecer paradójico referirse a la luz empleando la materia más opaca que existe; sin embargo, no lo es. Las piedras utilizadas para la construcción de la bodega se tallaron solamente por tres de sus lados, para garantizar las dimensiones de asentamiento y el acabado exterior, mientras que en el interior, el muro conserva las huellas de su extracción directa de la cantera. La única iluminación natural dentro de la bodega proviene de una ranura que se ha dejado en la parte superior de los muros. Esta iluminación indirecta junto con la superficie rugosa de la piedra crea una sensación de luminosidad difusa que armoniza con los aromas exhalados por el vino en las barricas; todo esto en un silencio casi tangible: una fiesta para los sentidos.

Architect: Gilles Perraudin, based on a concept by Eric Castaldi | Photos: © Serge Demailly | Address: Lieu-dit Les Vignals, Nizas, France | Tel: +33 4 67 98 46 21

Arquitecto: Gilles Perraudin, de una idea de Eric Castaldi | Fotos: © Serge Demailly | Dirección: Lieu-dit Les Vignals, Nizas, Francia | Tel: +33 4 67 98 46 21

Les Aurelles

Les Aurelles

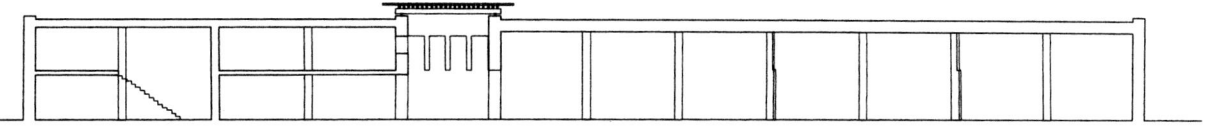

Longitudinal section
Sección longitudinal

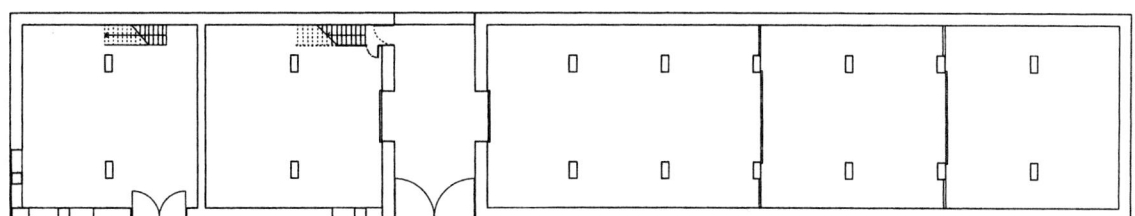

Plan
Planta

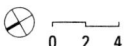

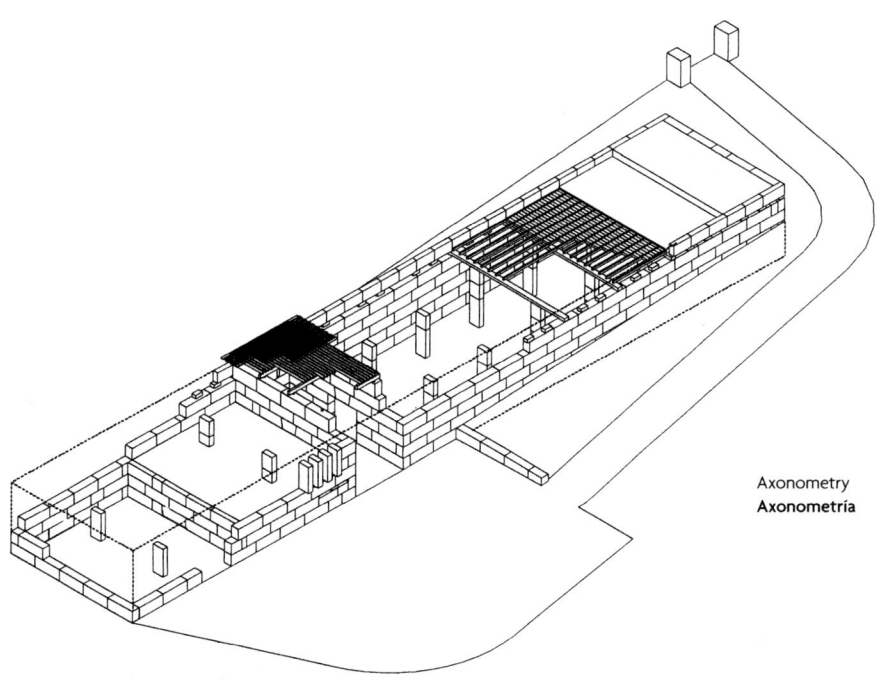

Axonometry
Axonometría

Les Aurelles

Château Thuerry

When you come upon Château Thuerry, you're a bit taken aback by the sudden emergence from behind a curtain of trees of the deep basin where grapes are grown for a wine which the winery's owner is hoping will become "one of the world's very great reds."

Château Thuerry is located on the far side of Draguignan in the Alpine foothills of Haute-Provence. The climate and vegetation are so redolent of the nearby Mediterranean that you almost expect to encounter ocher and red buildings. There are some, of course, but they're "backstage" – and what is immediately striking about this winery is the long, thick white wall with a large hole near its center that is partially filled by the laconic inscription "Thuerry."

Behind this wall – and beneath a 2,500 square-meter grass-covered slab – is an ultramodern winery with, on the west side, an 11-meter-high fermentation cellar into which the harvested grapes are unloaded from the ground above.

Once malolactic fermentation is completed, the wine flows through a buffer tank into the barrel-fermentation area whose layout and lighting are conducive to calm.

The eastern side contains the bottling and storage area, with the finished product exiting the building via the porch.

Thus, wine is made at Château Thuerry mainly by gravity flow and natural (underground) climate control.

El visitante de Château Thuerry tiene que estar dispuesto a asumir el pequeño choque de culturas que descubrirá al rodear el bosque que, como el telón de un escenario, esconde el hondanado viñedo, donde nace un vino cuyo propietario aspira a hacer "uno de los mejores tintos del mundo".

Château Thuerry está emplazado detrás de Draguignan, en las colinas que ascienden hacia los Alpes de la Alta Provenza. El clima y la vegetación nos revelan la proximidad del Mediterráneo, y uno espera que aparezcan en el horizonte edificios de colores ocre y rojo. Estos existen, naturalmente; pero apaciguados por el sorprendente muro blanco, largo y macizo con una oquedad central, y en la que aparece lacónica la palabra "Thuerry".

Tras este muro, y bajo una losa de 2.500 metros cuadrados cubierta de césped, se esconde una bodega de vinificación ultramoderna, cuya parte oeste alberga una bodega circular de 11 metros de altura con descarga cenital. Una vez que la fermentación maloláctica ha terminado, se trasladará a la bodega de barricas, cuyo orden e iluminación invitan al recogimiento. Finalmente, la zona este integra las áreas de embotellamiento y almacenamiento; el producto embotellado se retirará en el porche.

Los principios vitícolas que rigen este equipamiento son el método por gravedad y el control climático que proporciona la tierra en el subsuelo.

Architects: Leibar & Seigneurin | Photos: © Serge Demailly | Address: Route de Draguignan s/n. Villecroze, Provence, France | Tel: +33 4 94 70 63 02

Arquitecto: Leibar & Seigneurin | Fotos: © Serge Demailly | Dirección: Route de Draguignan s/n. Villecroze, Provenza, Francia | Tel: +33 4 94 70 63 02

The simplicity of the geometric forms and the exposed grey concrete, painted in white, transmit an elegant appearance.

La sencillez de las formas geométricas y el gris del hormigón visto, pintado de blanco, consiguen transmitir una imagen de elegancia.

The clarity of lines and the elegance of the exterior is repeated in the interior, in which a functional design is present both in the spaces as well as in the details of the woodwork.

La claridad de líneas y la elegancia del exterior aparece en la decoración interior, cuyo diseño funcional se repite tanto en los espacios como en los elementos de carpintería.

Château Thuerry

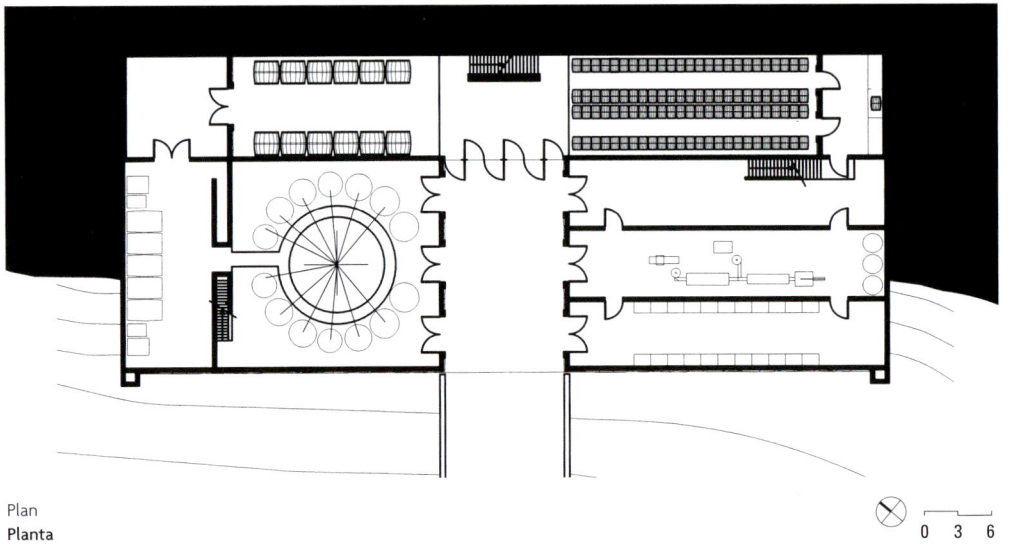

Plan
Planta

Château Thuerry

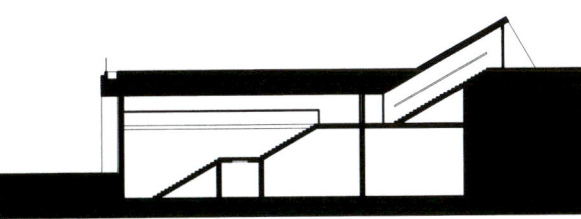

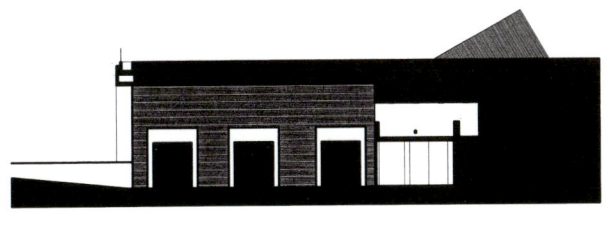

Sections
Secciones

0　4　8

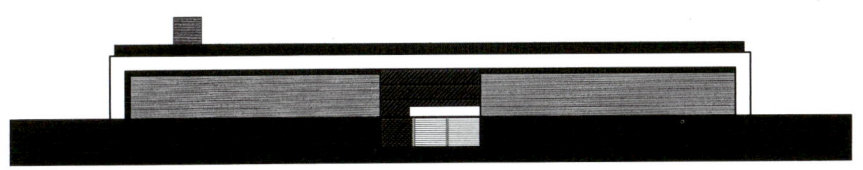

Elevation
Alzado

0　3　6

The combination of natural light from the tall windows and the artificial light that emerges from the spotlights situated along the floor confer a serene and tranquil atmosphere in the area where the casks are laid to settle.

La mezcla de la luz natural que entra por los altos ventanales con la luz artificial que emerge de los focos situados en el suelo confiere un clima de sosiego y tranquilidad en la zona donde reposan las barricas.

Señorío de Otazu

The Señorío de Otazu winery, similar to the châteux from Bordeaux, integrates a 12th century roman church, a 14th century watchtower and a 16th century palace. In order to successfully create new wineries in a setting such as this one, the architect must possess a strong sense of what works on a given site and what does not. This task was rendered even more difficult by the presence of a 19th century agricultural building on the site where the winery was to be constructed. This prompted the creation of an underground space, enabling the owner to preserve the existing building and inspiring the architects to create one of the world's most beautiful underground wineries.

The structure involves two types of concealment. The new facility harmonizes with the only modern building on the site to which the architects added two semi-underground wings that form a horseshoe with the bottom level. The barrel room with its nine surbased, concrete formwork arches is located at the center of this large horseshoe. The barrel room is accessed grotto-style, by descending various levels, and as you go deeper the barrels gradually come into view – an experience that inspires reverence, for rarely has the inextricable link between religion and viticulture been underscored in such an apt manner.

La bodega Señorío de Otazu, a semejanza de los *châteux* de Burdeos, integra una iglesia románica del siglo XII, una torre de defensa del siglo XIV y un palacio del siglo XVI. Crear nuevos espacios de vinificación en un contexto semejante exigía respetar el espíritu del lugar. Esta tarea se volvió más complicada, ya que donde debía erigirse la bodega existía una construcción agrícola de 1860. Se optó por una solución bajo tierra, que ha permitido a los propietarios preservar la herencia e inspirar a los arquitectos la construcción de las bodegas subterráneas más admirables que existen.

Se trata en realidad de un doble esfuerzo de ocultación. La nueva instalación se compone de un único edificio moderno, al que los arquitectos han agregado dos alas semienterradas que conforman, junto con la base, una herradura. El centro de esta gran U alberga la bodega de barricas con nueve bovedillas rebajadas en hormigón de desencofrado. Se accede a ella como si se tratase de la entrada de una gruta y a medida que se desciende por los escalones, las hileras de barricas se extienden gradualmente por la superficie; esta visión produce un efecto sorprendente e invita al recogimiento. Rara vez la liturgia y la viticultura han tenido una relación tan estrecha como la que se ha producido en este lugar.

Architect: Jaime de Gatzelu, Ana Fernández and Juan José Arenas | Photos: © Larrion & Pimoulier | Carretera N-232, s/n. Echauri, Navarra, Spain | Tel: +34 948 32 92 00

Arquitectos: Jaime de Gatzelu, Ana Fernández y Juan José Arenas | Fotos: © Larrion & Pimoulier | Carretera N-232, s/n. Echauri, Navarra, España | Tel: +34 948 32 92 00

Señorío de Otazu

Señorío de Otazu

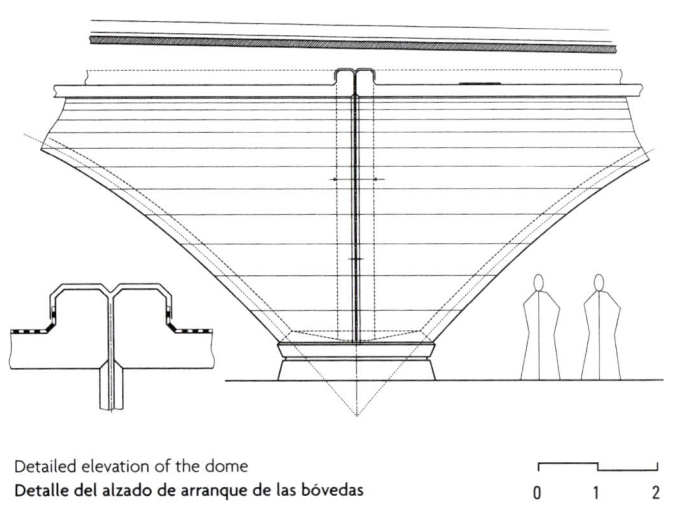

Detailed elevation of the dome
Detalle del alzado de arranque de las bóvedas

0 1 2

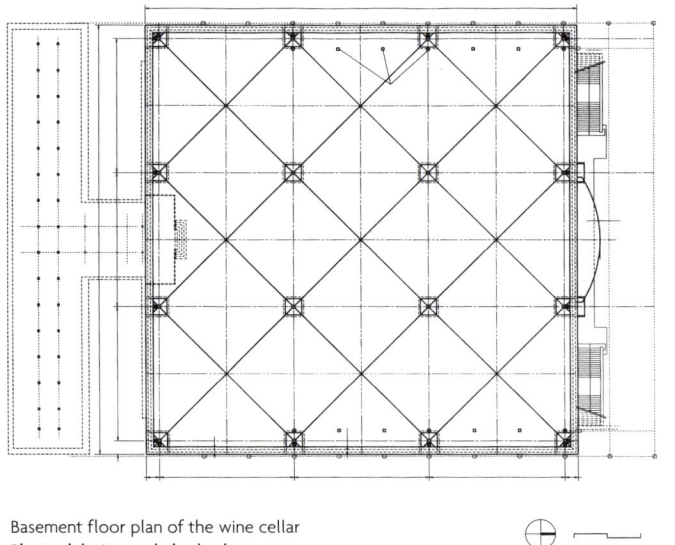

Basement floor plan of the wine cellar
Planta del sótano de las bodegas

0 2 4

Señorío de Otazu

Señorío de Arinzano

Señorío de Arinzano is remarkable for the idyllic charm and serenity that pervade its buildings and that lend it the air of a long-lost childhood paradise.

And in fact the building's architect Rafael Moneo is from nearby Tudela, while Julian Chivite, the current owner's father, was a personal friend of the architect's father. This of course creates a bond, one whose long duration puts one in mind of the lengthy wine-aging process.

Duration is also something that wineries tend to express through their buildings – and Señorío de Arinzano is no exception. The winery was originally composed of a medieval tower, an eighteenth-century residence and a nineteenth-century neoclassical chapel, and the architect has worked wonders by creating harmony out of so many formerly incongruous elements. You sense his harmonizing touch the minute you enter the manorial enclosure, after having crossed over a bridge and walked through a stand of trees that almost seem like a stage curtain.

The three historical buildings take center stage, although the pivotal events occur in the wings. The winemaking process begins in the right wing, behind a high facade that is crowned with a five-point ridge, in forty stainless steel fermenters that are lined up like soldiers.

The wine-aging area is in a long building where barrels are stored on a 100-meter-long stretch of floor. The visitor sees the barrels from the vantage point of a bridge-like structure that is wedged between the sections of the roof framework.

The left wing of the building accommodates the wine storage area, offices, the tasting room and the sales department. From there you can see the entire family of buildings, whose architectural harmony evokes the ingredients of the wine made in them.

La contemplación del conjunto de edificios que componen el Señorío de Arinzano nos transporta a un tiempo pasado del que emana encanto y se respira serenidad.

El padre de Rafael Moneo, y Julián Chivite, padre del actual propietario, fueron estrechando los lazos de amistad con los años, como reflejo del tiempo que transcurre para la maduración de un vino.

Ahora bien, el tiempo también disfruta materializándose en las edificaciones, y el Señorío de Arinzano no es una excepción. El conjunto se compone de una torre de la Alta Edad Media, una vivienda del siglo XVIII y una capilla neoclásica de principios del siglo XIX. La hazaña del arquitecto consistió en crear una unidad allí donde antes reinaba la heterogeneidad. Su estilo apacible aparece desde que entramos en el cerco señorial, después de haber cruzado un puente y atravesado una fila de árboles dispuesta como el telón de un escenario.

Los tres edificios históricos ocupan el centro de la escena, pero esta vez los bastidores captan la atención, ya que es allí donde se desarrolla toda la elaboración. El proceso de vinificación comienza en el ala derecha, detrás de una alta fachada dominada por una serie de hileras de cinco puntas, en una cuarentena de cubas de acero inoxidable preparadas para la fermentación.

La bodega se sitúa en un prolongado edificio, donde las barricas reposan a lo largo de centenares de metros en el suelo. El visitante puede recorrer el recinto gracias a un largo puente instalado a varios metros del pavimento, entre las ramificaciones de la carpintería que sujeta el tejado.

El ala izquierda del edificio alberga locales de almacenamiento, administración, degustación y comercialización. Desde estos últimos se percibe, como desde un palco, el conjunto de edificios cuya armoniosa unión recuerda la de los componentes del vino que allí se producen.

Architect: Rafael Moneo | Photos: © Roland Halbe | Address: Ribera, s/n. Cintruénigo, Navarra, Spain | Tel: +34 94 881 10 00

Arquitecto: Rafael Moneo | Fotos: © Roland Halbe | Dirección: Ribera, s/n. Cintruénigo, Navarra, España | Tel: +34 948 81 10 00

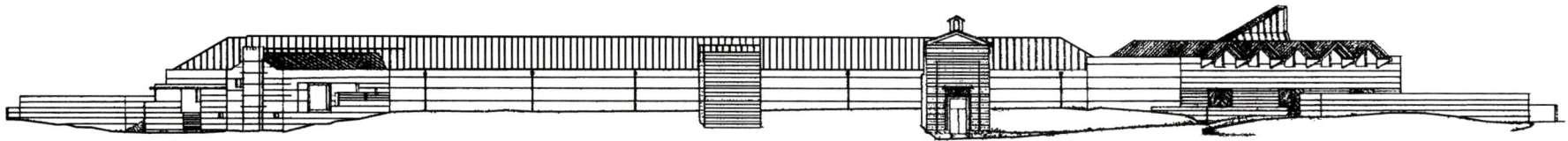

Elevation
Alzado

Señorío de Arinzano

0 4 8

Plan
Planta

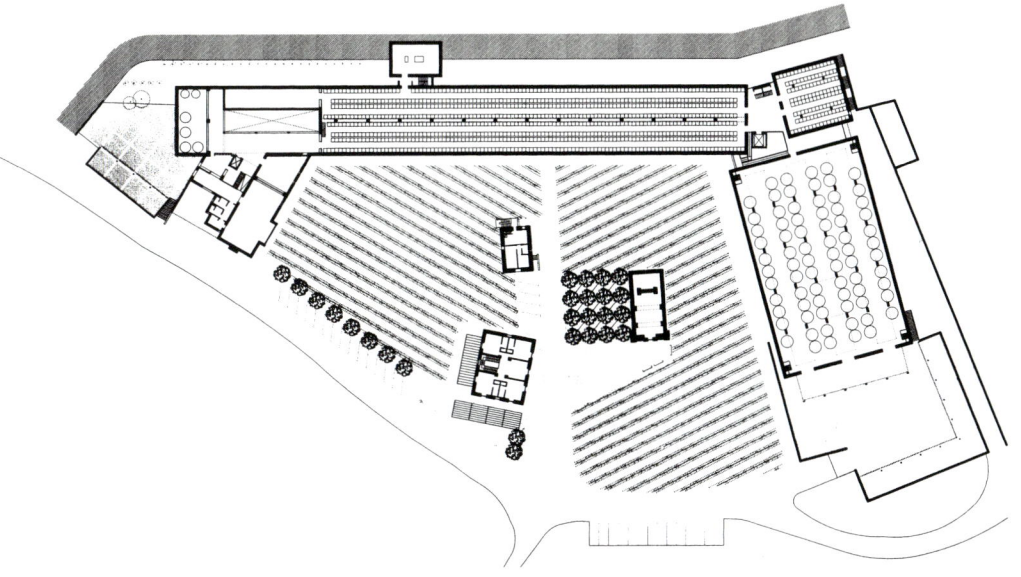

Señorío de Arinzano

Señorío de Arinzano

Ysios

The opening of Frank Gehry's Guggenheim Museum in the Basque city of Bilbao has thrust into the limelight a region that had hitherto pretty much kept to itself. Suddenly the streets of Bilbao were filled with tourists, to the point where the publicists of other cities and enterprises in the region began wondering how they too could cash in on this architectural windfall.

And while the city of San Sebastián soon made a splash of its own with Rafael Moneo's "Kursaal" Auditorium and Congress Center, the lack of in Spain's inland cities was painfully evident. But the country rebounded quickly, with the wine-producing industry in the vanguard. The results can be seen today in wineries in Laguardia, Logroño (Viña Real) and Aberín (Señorío de Arinzano), and shortly in Elciego (Marqués de Riscal).

The Ysios winery is the most impressive of all to date, from its location to the forms of the building and the materials used. All these elements combine to create an impression of self-confidence and majestic power that has effortlessly given rise to a distinctive masterpiece.

But before wine can be sold, it must first be grown with loving care. To this end, the winery is divided into three sections. Deliveries, pressing, and fermentation are on the west side; bottling, cellaring and shipping are on the east side, and barrel fermentation is at the center. Gravity-flow winemaking is practiced at Ysios. The wine is fermented in barrels that are arranged in a semi-circle—which, besides creating a charming visual touch, is also convenient for the winemakers.

Santiago Calatrava's style is recognisable from the design of the curves, especially on the roof, which shows the influence of his master Antoni Gaudí, who created the prototype in the pioneering the Sagrada Família schools.

La apertura del museo Guggenheim en Bilbao, proyectado por el arquitecto Frank Gehry, situó repentinamente al País Vasco, que hasta entonces había permanecido en un segundo plano, en foco de interés. Prácticamente, de la noche a la mañana, la ciudad portuaria comenzó a recibir una mayor afluencia de turistas, hasta el punto de que los responsables de relaciones públicas de otras ciudades y las empresas de la región se propusieron rentabilizar esta nueva situación.

A pesar de que San Sebastián respondió rápidamente con la construcción del auditorio Kursaal de Rafael Moneo, se notó profundamente la ausencia de iniciativas equivalentes en el interior del país. Ahora bien, hay que reconocer que se supo demostrar allí una extraordinaria capacidad de reacción, encabezada por la filial vitivinícola. El resultado se puede visitar actualmente en Laguardia, así como en Logroño (Viña Real) o en Aberín (Señorío de Arinzano), y en Elciego (Marqués de Riscal).

La bodega Ysios es la más espectacular, hasta el momento: desde su ubicación hasta las formas del edificio, pasando por los materiales utilizados; todo contribuye a esta impresión de majestuosidad, segura de sí misma y dominante que ha convencido fácilmente a un maestro de obra en busca de visibilidad.

Sin embargo, antes de comercializar el vino hay que cultivarlo y mimarlo mucho. Para ello, Ysios se divide en tres partes: al oeste, la recepción, la zona de prensado y fermentación; en el centro, la crianza en barricas, y al este, el área de embotellado, almacenamiento y expedición. La vinificación se realiza por gravedad, y al final del proceso las barricas se disponen en semicírculo que, además de contribuir a la escenografía interior, responde también a necesidades funcionales.

El estilo de Santiago Calatrava se reconoce por el diseño de las curvas, especialmente en el tejado, donde es evidente la influencia de su maestro Antoni Gaudí, quien creó el prototipo en las escuelas de la Sagrada Família.

Architect: Santiago Calatrava | Photos: © Iñigo Bujedo and Roland Halbe | Address: Camino de la Hoya, s/n. Laguardia, Spain | Tel: +34 945 600 640

Arquitecto: Santiago Calatrava | Fotos © Iñigo Bujedo y Roland Halbe | Dirección: Camino de la Hoya, s/n. Laguardia, España | Tel: +34 945 600 640

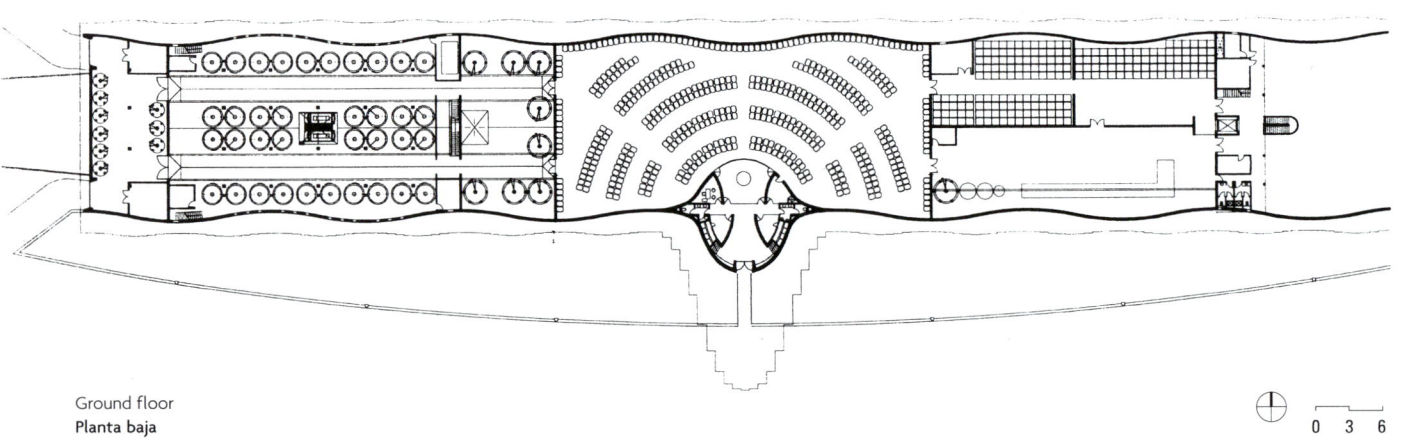

Ground floor
Planta baja

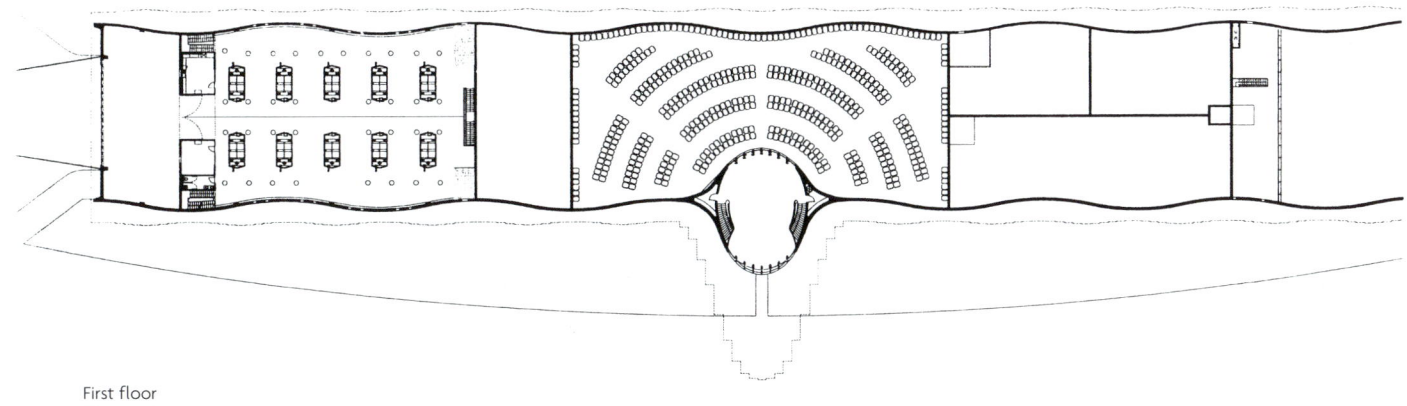

First floor
Planta primera

The arrangement of the barrels is both functional and visually striking. The ceilings follow the movement of the exterior roofs and compose one of the most significant elements of this building.

La disposición de las cubas responde tanto a su funcionalidad como a una puesta en escena muy cuidada. Los techos siguen el movimiento de las cubiertas exteriores, y son uno de los elementos más significativos de este edificio.

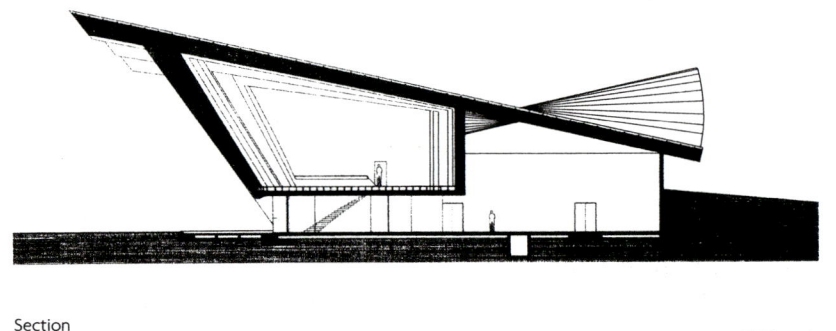

Section
Sección

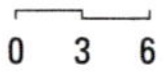

0 3 6

Viña Real

Sometimes an architect or designer derives his inspiration for an object's form from its function. This is exactly what Philippe Mazières did when he decided to accommodate the vat fermentation and barrel-aging areas at Viña Real in a mammoth cylindrical building which looks from the outside like an oak maceration and fermentation barrel. The building is visible from afar and instantly identifiable as a winery.

The approach to the building can be characterized as instructional, and this experience continues when you visit the vat fermentation area, where you find huge stainless steel fermenters arranged in a circle. They are supplied from above by transfer vats that are transported on a crane that pivots on a central axis.

When you get to the large circular barrel-aging area just below the vat fermentation area, you immediately grasp the full meaning of gravity flow winemaking. The final section of this highly educational tour is the visit to the barrel and wine storage area. It consists of two tunnels that have been carved out of the rock and whose natural thermal inertia and controlled humidity provide optimal conditions for maturation.

The owner selected Philippe Mazières because of his extensive experience in designing and building wineries. And indeed the innovative solutions that abound at Viña Real appear to be the work of an architect for whom each project is an opportunity to improve and extend his skills.

A veces el arquitecto o el diseñador se inspira en un elemento funcional para determinar la forma de un objeto. Esto es lo que ha hecho Philippe Mazières al albergar la tina y la bodega de barricas de Viña Real en un enorme edificio esférico, cuyo aspecto exterior recuerda inevitablemente a una cuba de roble de maceración y fermentación. El edificio, perceptible a lo lejos, es identificado como una zona vinícola.

Esta aproximación puede considerarse como pedagógica y cuya enseñanza continúa al llegar al área de fermentación. Allí el visitante descubre enormes cubas de vinificación de acero inoxidable, dispuestas en forma circular, provistas desde arriba por cubas de transferencia cuyo transporte está asegurado por un puente grúa de corredera que gira en torno a un eje central.

Siguiendo la visita por la bodega de barricas circular situada justo debajo, se comprende el concepto de vinificación por gravedad, y la demostración acabará con el hallazgo del área de almacenamiento de las barricas y las botellas: se trata de dos túneles perforados en la roca, cuya inercia térmica natural y la humedad controlada aseguran las condiciones óptimas de maduración para el vino.

El propietario apunta la elección del arquitecto por su gran experiencia en materia de concepción y proyección de bodegas. Las innovadoras soluciones aplicadas al edificio vienen a confirmar las aptitudes de Mazières.

Architect: Philippe Mazières | Photos: © Cvne marketing | Address: Carretera de Logroño, km 4,8. 01300 Laguardia, Álava, Spain | Tel: +34 945 625 210

Arquitecto: Philippe Mazières | Fotos: © Cvne marketing | Dirección: Carretera de Logroño, km 4,8. 01300 Laguardia, Álava, España | Tel: +34 945 625 210

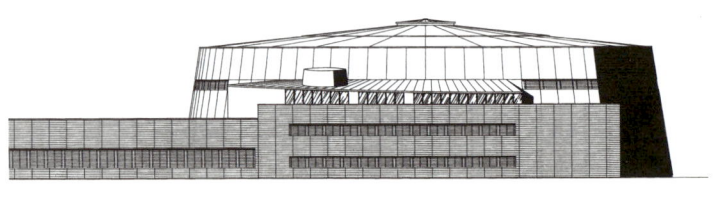

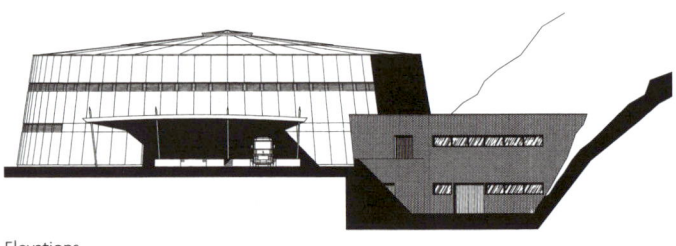

Elevations
Alzados

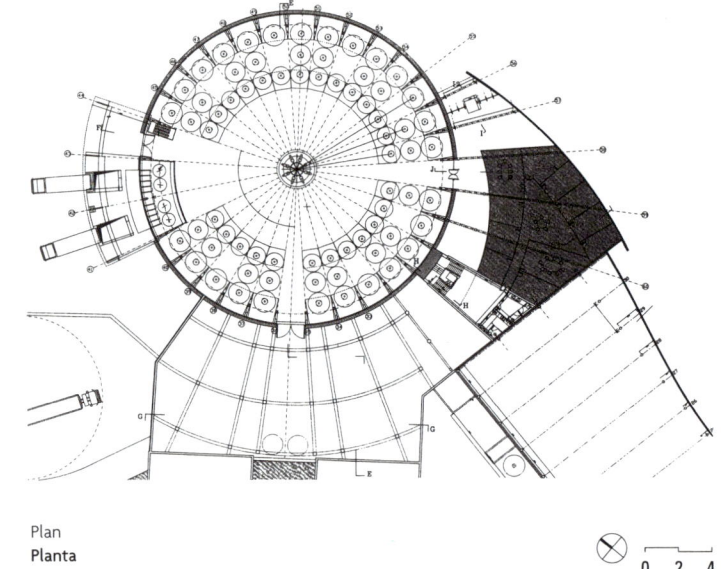

Plan
Planta

Viña Real

50

Viña Real

Plan
Planta

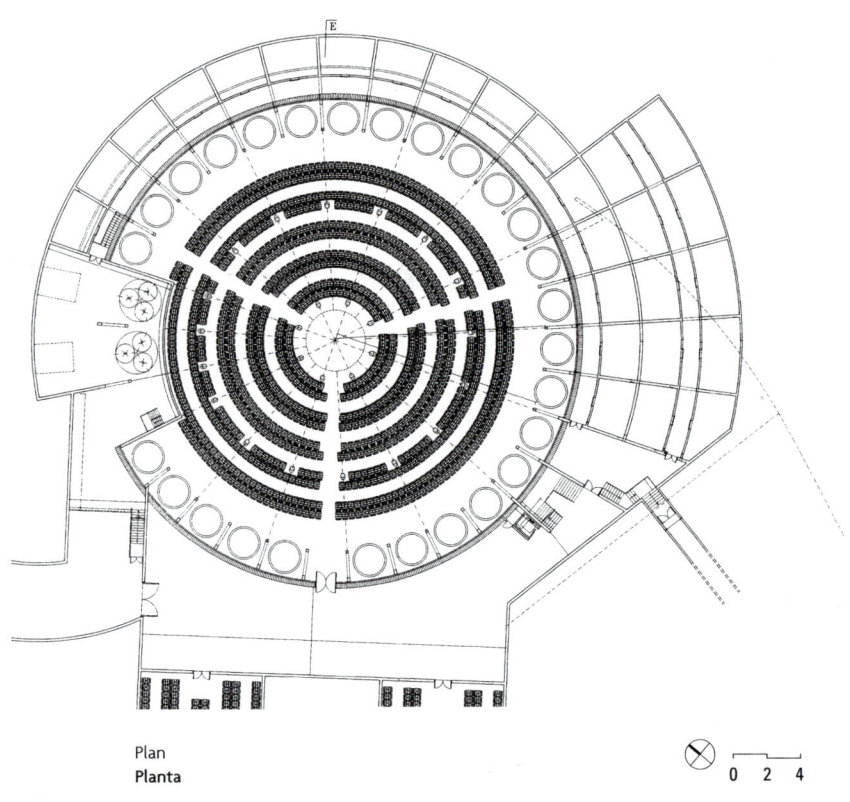

Viña Real

Viña Real

Enate

Sometimes just wending your way to a winery can be quite an experience. This is definitely the case with Enate, which is ensconced in one of Alto Aragon's remote valleys on a road that is a right turn off the highway leading from the regional capital of Barbastro to Alquézar, which is a popular canyoning venue in the Sierra de Guara.

Your first reaction upon seeing this magnificent building by Jesús Manzanares is incredulity. But as you tour the winery, you begin to realize how perfectly the structure blends in with the surrounding landscape.

This effect is greatly enhanced by the use of red brick throughout, as well as the counterpoint of large openings and more intimate interior spaces. Wine presses, stainless steel vats and the bottling facility are located in large halls with abundant natural light, while the barrel warehouse is graced with filtered light as well as a low ceiling with geometric ornamentation.

The guided tour of this building, which almost feels like a rite of passage, ends at the winery's museum and gallery whose ultra congenial ambiance is undoubtedly created by the paintings that are shown there. The gallery's restrained architectonics establish a neutral setting that neither interferes with nor overwhelms the evocative power of color created by artists such as Eduardo Chillida, Antoni Tàpies and Eduardo Arroyo.

Architect: Jesús Manzanares | Photos: © Fernando Alvira | Address: Carretera de Barbastro a Naval, km 9. Salas Bajas, Huesca, Spain | Tel: +34 974 30 25 80

A veces el acceso a una finca es toda una experiencia. Así ocurre en Enate, situada al final de una carretera que se adentra profundamente en uno de los valles del Alto Aragón, lugar privilegiado para la práctica del descenso de cañones y barrancos en la sierra de Guara. Para llegar a Enate se toma una carretera en Barbastro en dirección a Alquézar.

La primera impresión al llegar al falso llano donde se sitúa el edificio diseñado por Jesús Manzanares es la de incredulidad. Sin embargo, cuanto más nos adentramos, más sentimos la profunda armonía con el paisaje circundante.

Esto se debe a la presencia del ladrillo rojo, así como a la alternancia de amplias aberturas y de espacios más íntimos. De esta manera, las prensas, las cubas de acero inoxidable y las líneas de embotellado se ubican en grandes salas que disfrutan de la luz natural, mientras que la bodega de barricas se despliega bajo un techo más bajo, de diseño geométrico y con iluminación tamizada.

Este itinerario, que calificaríamos casi de iniciático, finaliza en la galería-museo, donde la sensación de calidez proviene seguramente de las pinturas expuestas; y contrasta con el espacio arquitectónico, que refleja una serena frialdad, sin mermar ni anular la fuerza evocadora de los colores traídos por artistas como Eduardo Chillida, Antoni Tàpies o Eduardo Arroyo.

Arquitecto: Jesús Manzanares | Fotos: © Fernando Alvira | Dirección: Carretera de Barbastro a Naval, km 9. Salas Bajas, Huesca, España | Tel: +34 974 30 25 80

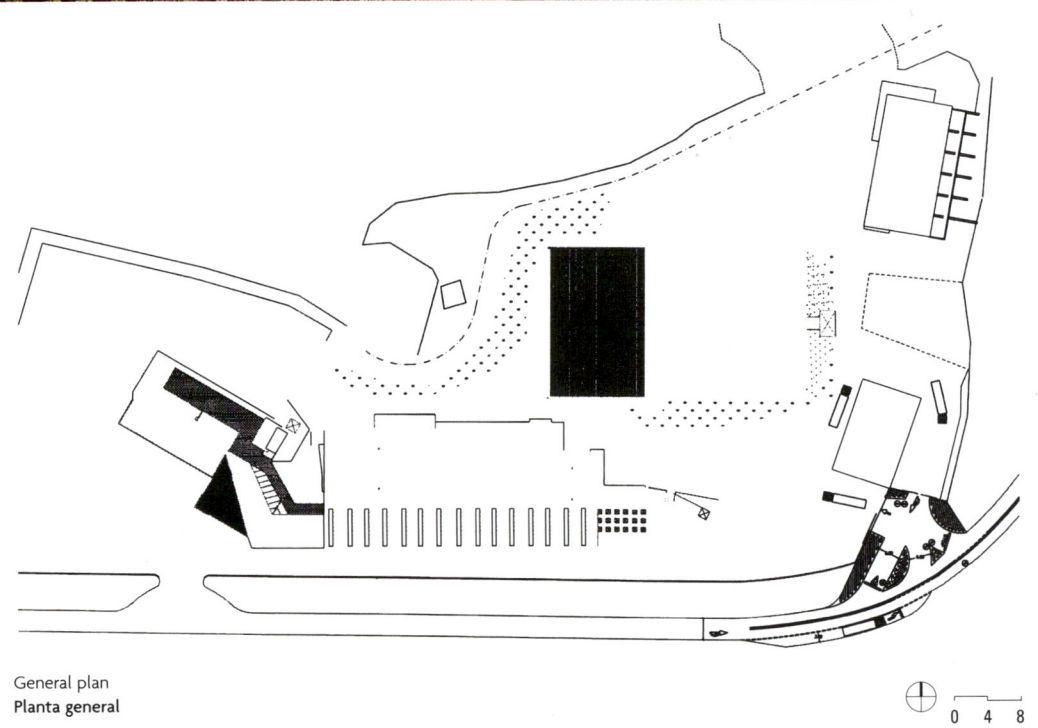

General plan
Planta general

Enate

Enate

The bottles of wine are treated with the same sobriety in the storage area as they are in the tasting room, an indication of the respect held towards the final product.

Las botellas de vino están tratadas con la misma sobriedad tanto en la zona de almacén como en la de degustación; lo que demuestra el respeto por el producto final.

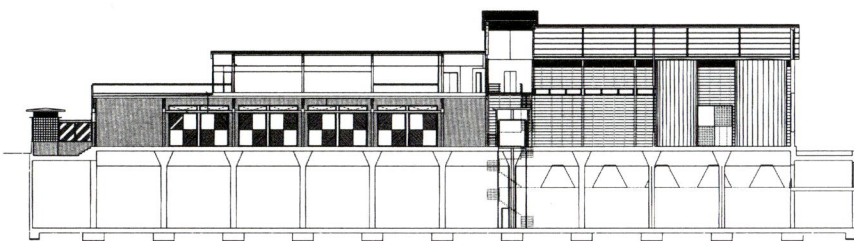

Longitudinal section
Sección longitudinal

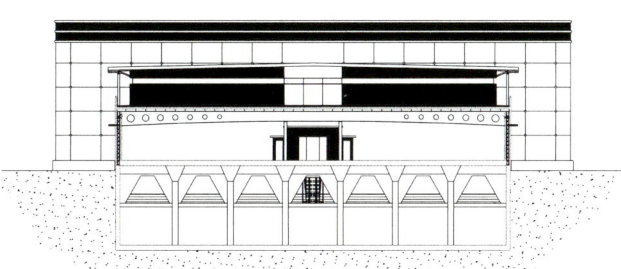

Transversal section
Sección transversal

Raventós i Blanc

On one side of the narrow street stands the Codorniu winery, composed of early twentieth-century Modernista buildings that were designed by Puig i Cadafalch and are classified as historical monuments; and on the other side, the resolutely contemporary architecture of Raventós i Blanc. The close proximity of the two wineries is a potent reminder that "new" is always a relative term.

As you approach, it becomes apparent that the architecture of the Raventós i Blanc winery is in fact spanking new. Whereas Codorniu bends over backwards to accommodate wine tourism, the establishment owned by Manuel Raventós i Negra has an exclusive feel.

The manner in which the winery landscaped the area around the centuries-old oak tree in front of the new facility is highly revealing in this regard. The "landscaped" red brick areas around the tree ostensibly serve a protective purpose – but in reality they convey far more of a fortress feeling a warm welcome.

Once visitors have passed through the protective ring of oak trees and crossed the sober, geometric design of the portico, they find themselves in the middle of a space similar to a patio, dominated by a tower on the left that receives the grapes; grouped around this are the different areas devoted to making wine by the classic champagne-type. This process, ideally suited to the underground setting, subjects wine to a second fermentation within the bottle.

Though the bottling and shipping building is, as one would expect, rather factory-like, the structure that accommodates the offices and display area feature different materials that emanate a luminous transparency.

Un aparcamiento divide, por un lado, las bodegas Cordoniu, compuestas por edificios de estilo modernista catalán de principios del siglo XX, proyectados por Puig i Cadafalch, y considerados monumentos históricos; por el otro lado, aparece firmemente una arquitectura contemporánea representada por las cavas Raventós i Blanc. Esta estrecha proximidad nos recuerda que la noción de novedad es muy relativa.

La imagen que desprende el edificio propiedad de Manuel Raventós i Negra es evidente: mientras en Codorniu todo está pensado en función del turismo enológico, en Raventós i Blanc se cultiva cierto elitismo. La entrada a este edificio es presidida por un roble centenario, rodeado por una serie de ladrillos rojos como protección, pero que representa más la imagen de una fortaleza defensiva que un símbolo acogedor.

Si bordeamos el círculo protector del roble y atravesamos un pórtico de diseño de sobria geometría, nos hallaremos en medio de un espacio, similiar a un patio, dominado a la izquierda por una atalaya, donde se recibe la uva, y alrededor de la cual se han dispuesto las diferentes áreas dedicadas al proceso de vinificación por el método *champenoise*. Este proceso, que se lleva a cabo en una bodega instalada en el subsuelo, somete el vino a una segunda fermentación dentro de la propia botella.

Mientras la arquitectura del edificio destinado al embotellamiento y a la distribución es lógicamente más industrial, el edificio administrativo y de representación se reviste de materiales más singulares que transmiten una transparencia luminosa.

Architects: Jaume Bach & Gabriel Mora | Photos: © Pep Escoda | Address: Plaça del Roure, s/n. Sant Sadurní d'Anoia, Penedès, Spain | Tel: +34 938 18 32 62

Arquitectos: Jaume Bach & Gabriel Mora | Fotos: © Pep Escoda | Dirección: Plaça del Roure, s/n. Sant Sadurní d'Anoia, Penedès, España | Tel: +34 938 18 32 62

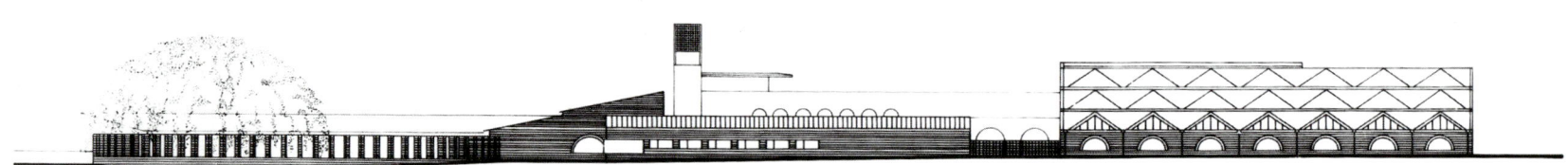

Elevation
Alzado

0 4 8

Raventós i Blanc

Raventós i Blanc

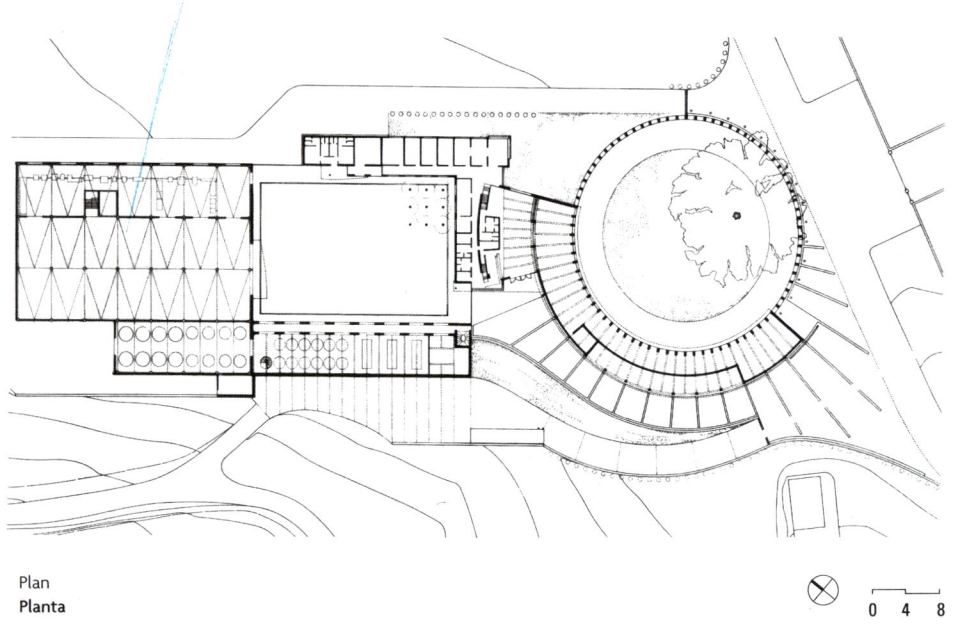

Plan
Planta

Rovio Ronco

Though Switzerland is not a major wine-producing country, vintners there are quality-conscious without being bound to convention. The confluence of these factors should thus make Switzerland a breeding ground for innovative winery architecture. In any case, Rovio Ronco is an exceptional winery that is bound to gain a following.

The Tessin region, located above Lake Lugano, has sloping terrain and Alpine topography. The region's vineyards are scattered amidst this rugged landscape, and none are larger than one hectare. One cannot expect to find expansive buildings in such settings (the main Rovio Ronco winery building measures a mere 560 square meters). The combination of the vineyard plantings, the surrounding woods and an additional building creates what the architect calls "a place" that is ensconced in its natural setting – though its silhouette rises impressively from the void of the ramp leading up to the building. Mineral versus vegetable is a polarity often seen in the wineries in this book: but rarely is it carried to such an extreme as at Rovio Ronco.

The architectonics of the building's exterior and interior are dominated by connections and abrupt terminations. The completely symmetrical facade conceals a winery in which vinification unfolds linearly, from left to right. There's even a dug-out cellar where the wine matures in barrels, sheltered from the light and the coolness outside.

The two constructions at either end of the main building are not connected to the winemaking areas. The architect underscored the separateness of these buildings' functions (they house the laboratory, the offices and the parking garage) by placing two staircases in the space between the buildings, one leading to the second floor, the other to the winecellar. The break in the line of the facade is at once accentuated and attenuated by a gabled canopy whose triangular line pointing upwards is echoed by a funnel-shaped window on either side.

Suiza no es un gran productor de vino, pero existe allí la preocupación por la calidad sin llegar a ser prisionero de las convenciones. La conjunción de estos aspectos debería favorecer un terreno seleccionado para la nueva arquitectura vinícola. Rovio Ronco constituye en todo caso una excepción susceptible de hacer escuela.

El paisaje de la región de Tesino, por encima del lago de Lugano, es accidentado, con pendientes acentuadas y orografía alpina. Las parcelas del viñedo están dispersas y ninguna sobrepasa la hectárea; por lo tanto, no es necesario disponer de grandes edificios (la bodega de Rovio Ronco sólo tiene 560 metros cuadrados de superficie). La combinación de las viñas, la madera y el edificio emplazado configuran lo que el arquitecto denomina "un lugar", inscrito en la naturaleza desmarcándose claramente del vacío de la rampa de acceso al edificio. Lo vegetal frente a lo mineral aparece frecuentemente en este libro, pero rara vez esta polaridad se ha llevado de manera tan extrema como en Rovio Ronco.

Conexiones y rupturas determinan la arquitectura exterior y la organización interior del edificio. La fachada, perfectamente simétrica, disimula los espacios donde el proceso de vinificación transcurre de forma lineal, de derecha a izquierda. Asimismo, hay una bodega en el subsuelo donde madura el vino en barricas, al amparo de la luz y el frío.

Los otros dos pabellones situados a los extremos del edificio principal no están conectados a la zona de vinificación. El arquitecto, para acentuar que en estos espacios se desarrollan otros tipos de actividades (laboratorio, administración, garaje) instaló dos escaleras entre las aberturas creadas por los edificios que dan acceso al primer piso y a la bodega. La ruptura de la fachada está a la vez marcada y atenuada por una vidriera en aguilón, cuya línea triangular apuntando hacia arriba se retoma en una ventana en forma de embudo.

Architect: Luigia Carloni-Cairoli | Photos: © Filippo Simonetti | Address: Via Imbasso s/n. Rovio, Tessin, Switzerland | Tel: +41 91 649 58 31

Arquitecta: Luigia Carloni-Cairoli | Fotos: © Filippo Simonetti | Dirección: Via Imbasso s/n. Rovio, Tesino, Suiza | Tel: +41 91 649 58 31

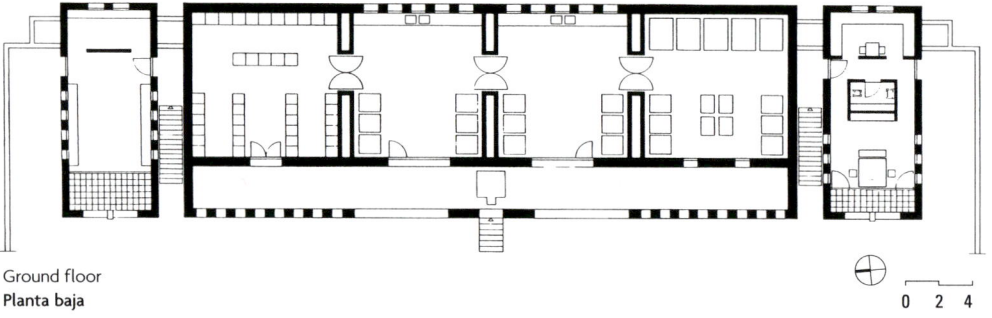

Ground floor
Planta baja

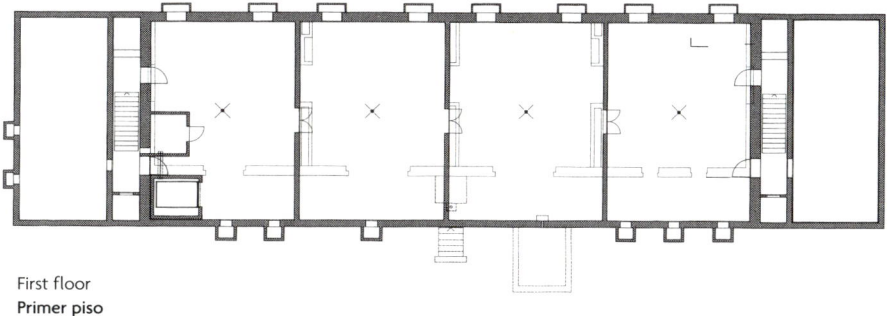

First floor
Primer piso

Rovio Ronco

The transitional elements – staircases, doors and the entrance – are used as functional elements to delineate each space and provide opacity in place of transparency.

Los elementos de transición –escaleras, puertas e incluso la entrada– son utilizados tanto para delimitar cada espacio como para buscar opacidad ante la transparencia.

Rovio Ronco

Badia a Coltibuono

Having a contemporary winery complex designed for a vineyard whose appellation makes a direct reference to "classicism" (the grapes are Chianti Classico) is clearly a venture fraught with peril. But this is the challenge the owners of Coltibuono ("good harvest") abbey took up, on a site that dates back to the eleventh century.

For a time, Emanuela and Roberto Stucchi-Prinetti – the great-great grandchildren of Guido Giuntini who purchased the abbey in 1846 – were unsure what they should do with the existing facilities which were scattered around the property and were becoming increasingly unsuitable for winemaking. Then in the early 1990s, they decided to have the Italian-French-Canadian architecture firm of Piero Sartogo and Nathalie Grenon design a modern winery complex for Coltibuono. The architects took advantage of the sloping terrain while at the same drawing inspiration from the region's foothills. Thus, the grapes are delivered at the highest point in the building and the juice produced by the presses flows downward. Thanks to a large series of vats, the various juices can be processed separately before being combined. A walkway extends from the first tower containing the high fermentation vats to the laboratory which is located on the return path, amongst the gravity flow and racking vats. This very long diagonal path follows a natural downward slope, ending at a tunnel that was dug into the hill where the wine matures in bottles and barrels.

In addition to meeting the winery's enological requirements, the architects integrated the complex into the landscape – hence the towers and the various curved lines doubling back on each other, as well as the materials used and the openings in the structure. From afar, the complex resembles one of those Tuscan villages hugging the slope of the hills. But when you get closer, this composition breaks down into an ingeniously configured jigsaw puzzle of shapes.

Concebir una bodega contemporánea en un viñedo cuya denominación hace refencia al clasicismo (situada en la zona del Chianti Classico) es evidentemente arriesgado. Sin embargo, para los propietarios de la Badia a Coltibuono ("buena cosecha") fue un reto, cuyo origen se remonta al siglo XI.

Emanuela y Roberto Stucchi-Prinetti, biznietos de Guido Giuntini quien había comprado la abadía en 1846, padecieron durante un tiempo la creciente inadaptación de los locales existentes antes de decidir a principios de 1990 la construcción de un edificio moderno. Encargaron el proyecto al estudio de arquitectos italo-franco-canadienses de Piero Sartogo y de Nathalie Grenon. Estos aprovecharon la inclinación del terreno inspirándose en el modelo local de contrafuerte. La uva se descarga en el punto más alto del edificio, y el mosto procedente de la prensa se escurre por el método de gravedad. Posteriormente, una serie de cubas permite tratar los jugos antes de su mezcla. La primera torre que alberga las cubas altas de fermentación comunica con el laboratorio, situado al otro extremo, gracias a una pasarela desde donde se contemplan las cubas de escurrido y las cubas de trasiego; asimismo, aprovechando la pendiente natural del terreno, este recorrido desemboca en una inmesa oquedad cavada en la colina, donde el vino envejece en botellas y barricas.

Además de las consideraciones enológicas, los arquitectos han buscado la integración del edificio en el paisaje circundante; por ese motivo el empleo de recorridos, materiales y aberturas ejecutadas. Desde lejos, el resultado se asemeja a los pueblos compactos aferrados a las pendientes del relieve toscano, mientras que de cerca se descompone en un rompecabezas hábilmente dispuesto.

Architects: Nathalie Grenon and Piero Sartogo | Photos: © Fulvio Bernacchioni | Address: Gaioli In Chianti, Siena, Italy | Tel: +39 05 77 74 48 37

Arquitectos: Nathalie Grenon y Piero Sartogo | Fotos: © Fulvio Bernacchioni | Dirección: Gaioli In Chianti, Siena, Italia | Tel: +39 05 77 74 48 37

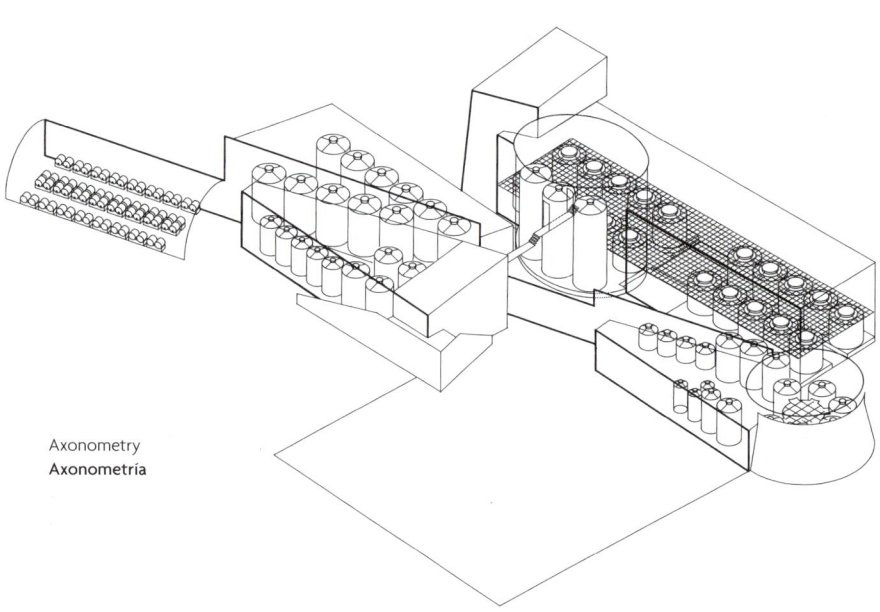

Axonometry
Axonometría

Badia a Coltibuono

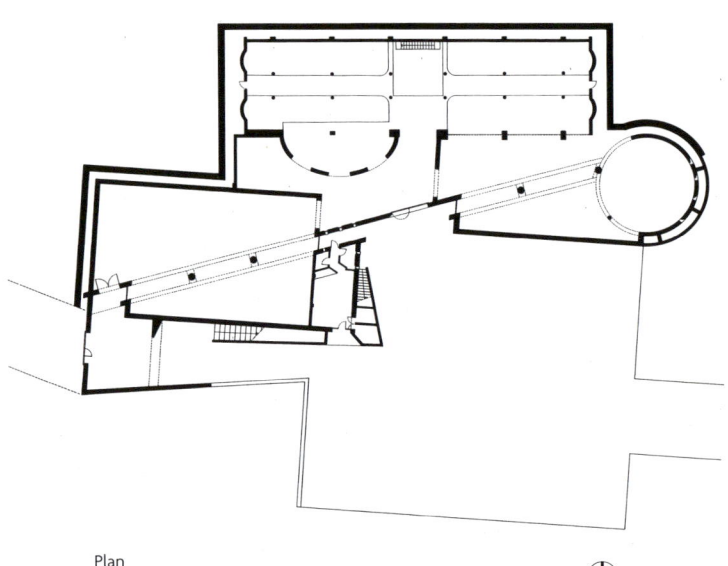

Plan
Planta

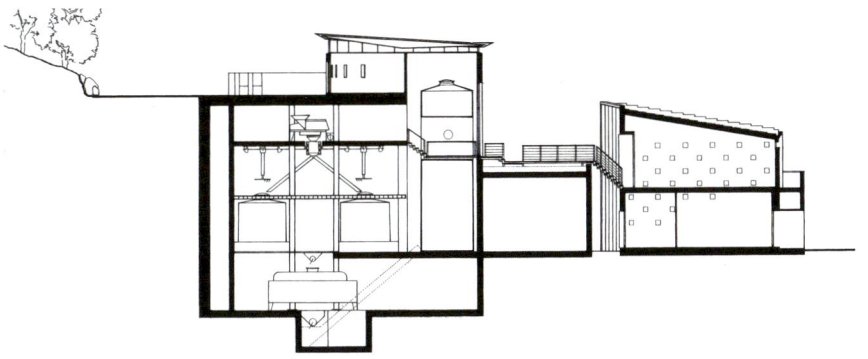

Longitudinal section
Sección longitudinal

0 3 6

The different materials and forms integrate the building into the landscape as an ensemble of small modules, as opposed to a large block – an unusual concept in agricultural architecture.

Los diferentes materiales y formas consiguen integrar el edificio en el paisaje, que muestran la construcción como un conjunto de pequeños módulos en vez de un gran bloque, extraño en este entorno agrícola.

Badia a Coltibuono

Petra

The brand new Petra winery was designed by the same architect who created the Church of St. Mary of the Angels and the Church of St. John the Baptist of Mogno (both in Ticino) and the Evry Cathedral in France. Judging from all these ecclesiastical buildings, the Swiss architect Mario Botta would appear to have a secret yearning for the sacred.

Perhaps it's not really surprising that so many spiritual references turn up in winery buildings, since wine is regarded as the blood of Christ in the Christian tradition. But beyond this mystical metaphor, the transformation of grape juice into quality wine also represents a major triumph of agriculture. And the domain name of the Petra winery – Azienda Agricola Petra – pays homage to that know-how.

Petra got its start when Vittorio Moretti, chairman of the Moretti Group, which is active in both winemaking and building construction – met Mario Botta, who found in this Tuscan vineyard a choice site on which to create a landmark that is visible from afar and which may be destined to become a brand image.

The winery's operations are strictly determined by the landscape and are tailored to the contours of the lines traced by the vines in the Tuscan soil. Thus the 45-degree tilt running from the winery's central cylindrical structure is parallel to the slope of the hill, whereas the vineyard plantings are at a 45-degree angle to the building's facade.

Like Philippe Mazières at Viña Real, Mario Botta had a tunnel dug into the mountain for his wine cellar, thus allowing for maturation at a constant temperature. But for the architect, this structure also represents an umbilical cord linking the winery to Mother Earth.

La reciente bodega Petra fue diseñada por el mismo arquitecto que erigió la iglesia de San Juan Bautista de Mogno y la capilla Santa María de los Ángeles en el monte Tamaro, ambas en Ticino, y la catedral de Evry en Francia. Tras esta trayectoria se deduce que el arquitecto suizo Mario Botta esconde una vocación por lo sagrado.

Si la referencia espiritual es recurrente en sus edificios vitícolas, es porque en la tradición cristiana el vino representa la sangre de Cristo. Pero más allá de la metáfora mística, la transformación del mosto en vino de calidad constituye un mayor triunfo de la agricultura. El nombre de la propiedad, Azienda Agricola Petra, rinde homenaje a este saber hacer.

El empresario Vittorio Moretti, presidente del grupo Terra Moretti presente tanto en el sector del vino como en el de la construcción, tuvo un encuentro con Mario Botta, quien encontró en este viñedo toscano un terreno de calidad donde crear un punto de referencia visible desde la lejanía y susceptible de convertirse en imagen de marca.

El procedimiento del viñedo viene determinado por el paisaje y adaptado a los contornos de las líneas trazadas por las viñas en el terreno toscano. De esta forma, el plano inclinado 45 grados, resultante del cilindro central truncado, es paralelo a la pendiente de la colina; mientras que las hileras del viñedo forman un ángulo de 45 grados con la fachada.

Como Philippe Mazières en la Viña Real, Mario Botta perforó un túnel en la montaña para albergar la bodega de barrica. Este recurso garantiza la temperatura estable del vino, pero además, según el propio arquitecto, representa también la imagen del cordón umbilical que une la bodega al vientre de la madre tierra.

Architect: Mario Botta | Photos: © Guglielmo de Micheli | Address: San Lorenzo Alto 131. Suvereto, Tuscany, Italy | Tel: +39 05 65 84 53 08

Arquitecto: Mario Botta | Fotos: © Guglielmo de Micheli | Dirección: San Lorenzo Alto 131. Suvereto, Toscana, Italia | Tel: +39 05 65 84 53 08

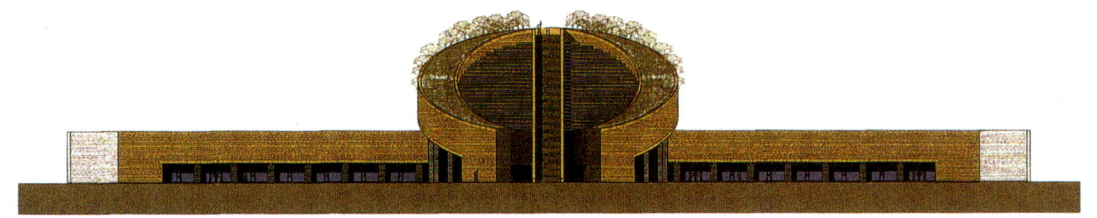

Front elevation
Alzado frontal

0 5 10

Longitudinal section
Sección longitudinal

0 3 6

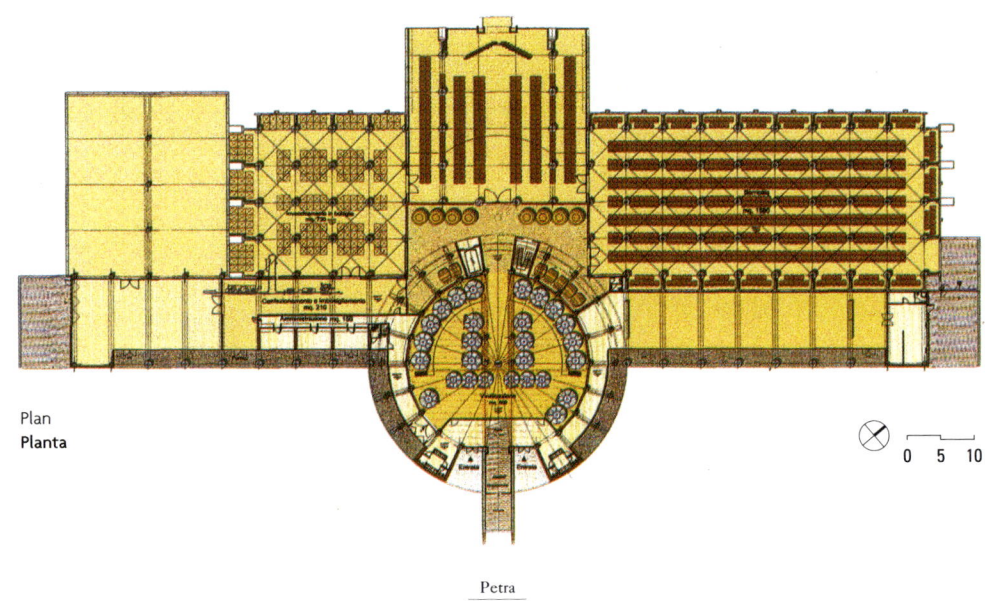

Plan
Planta

0 5 10

Petra

Petra

Petra

The subtleness and stylistic richness of Mario Botta's postmodern language is evident in the design of the horizontally fluted columns, which fully detract from the classical models and make reference to the axes of old wine presses that had a very similar form.

La sutileza y la riqueza estilística del lenguaje posmoderno de Mario Botta es patente en el diseño de las acanaladuras horizontales de las columnas, que desvirtúan totalmente los cánones clásicos para hacer referencia a los ejes de las antiguas prensas vinícolas, cuyas formas eran muy similares.

Cantina Mezzacorona

This "citadel of wine" is by far the largest structure featured in this book. This is because Cantina Mezzacorona services 1,300 winegrowers, members of an organization that a century ago was a mere agricultural cooperative. The winery's 2,000 hectares of vineyard plantings located in the Trentino and Alto Adigo wine districts currently produce approximately 2,500,000 bottles of Rotari sparkling wine annually, and this is likely to double in coming years.

Thus it's not surprising that developing a facility of this magnitude has taken, and is still taking, quite a bit of time; 80 percent of the facility has been built thus far. When the complex is completed in 2004 (an office wing and auditorium remain to be built), the facility will extend over more than 33,000 square meters. All the more reason why the winery's visual cohesiveness is a credit to the architect, Alberto Cecchetto, who simply allowed the surrounding landscape to inspire him, seeking "signs" and "traces" in the setting and interpreting them in a manner that enabled him to "fit" his building into the natural environment. These traces include a watercourse and the mountainous landscape, which is echoed by the corrugated roof of the two main buildings. According to Cecchetto, the system of poles and beams that support the roof refer to the stakes that support the vines, while the parasolar slats and the wood lath surfaces reflect the alignment of the vines.

As with most contemporary wineries, the tour follows the steps in the winemaking process. It starts at the main public entrance to the winery with its tower in the shape of an inverted funnel, proceeds to the winemaking area with its corrugated roof, then to a cellar that houses the facility's "spina tecnologica" (technological backbone) and ends at the historical winery with its disjointed linearity.

Esta "Cittadelle del vino" es la construcción más grande de las presentadas en este libro. Esto se debe a que está al servicio de unos 1.300 viñadores asociados en el seno de lo que fue en un principio, hace tan sólo cien años, una simple cooperativa agrícola. Sus 2.000 hectáreas de viñedo situadas en las denominaciones de Trentino y Alto Adige producen en la actualidad cerca de 2.500.000 botellas de espumante Rotari, cantidad que está prevista que se doble en los próximos años.

Pero no es sorprendente, ya que la realización del proyecto lleva, y llevará aún, su tiempo. Hoy en día, cuatro quintas partes de la construcción están finalizadas. En 2004 se completará el complejo vitícola con edificios administrativos y un auditorio que ocuparán una superficie de 33.000 metros cuadrados. El mérito de dar una coherencia estética al conjunto es del arquitecto Alberto Cecchetto, quien se ha inspirado, esencialmente, en el paisaje del entorno, buscando allí las pistas y los signos, y cuya interpretación le ha permitido inscribir su construcción. Entre estas pistas se halla un río y el relieve montañoso, cuyas curvas se repiten en el tejado ondulado de los dos edificios principales. Por otra parte, el sistema de suspensión de estacas y tirantes recuerda a los soportes de la vid. Las láminas de protección solar y las superficies tratadas con finas tablas de madera componen el alineamiento de las vides.

Como en la mayor parte de las bodegas contemporáneas, el recorrido de la visita está organizado siguiendo las etapas del proceso de producción. Este llevará al visitante desde la entrada principal —ensalzada por una torre con forma de embudo invertido—, pasando por el espacio de vinificación situado bajo el tejado ondulado y un espacio subterráneo que alberga la "spina tecnológica" (centro tecnológico), hasta la bodega histórica de imprecisa horizontalidad.

Architect: Alberto Cecchetto | Photos: © Luca Campigotto | Address: Via del Teroldego, 1. Mezzocorona, Trentino, Italy | Tel: +39 04 61 61 63 00

Arquitecto: Alberto Cecchetto | Fotos: © Luca Campigotto | Dirección: Via del Teroldego, 1. Mezzocorona, Trentino, Italia | Tel: +39 04 61 61 63 00

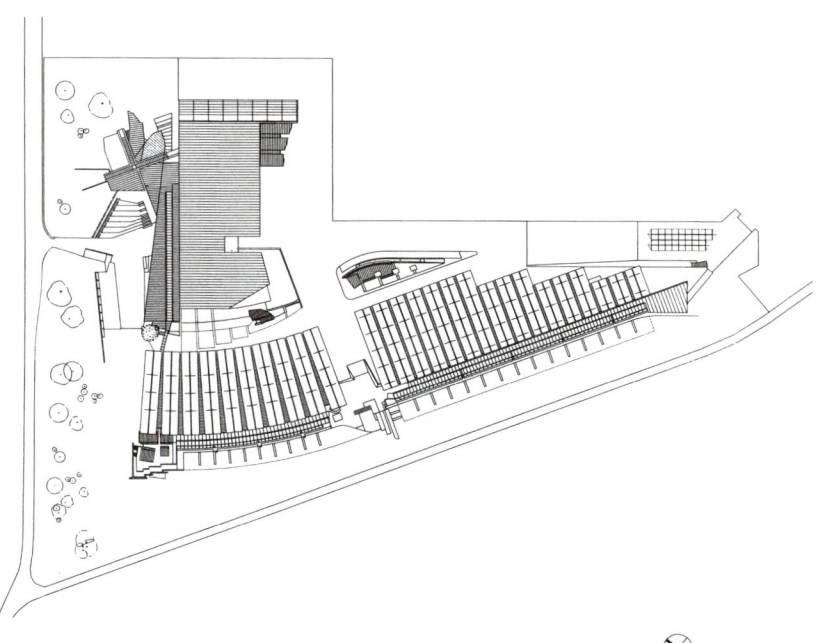

Roof plan
Planta de cubiertas

0 5 10

Cantina Mezzacorona

Cantina Mezzacorona

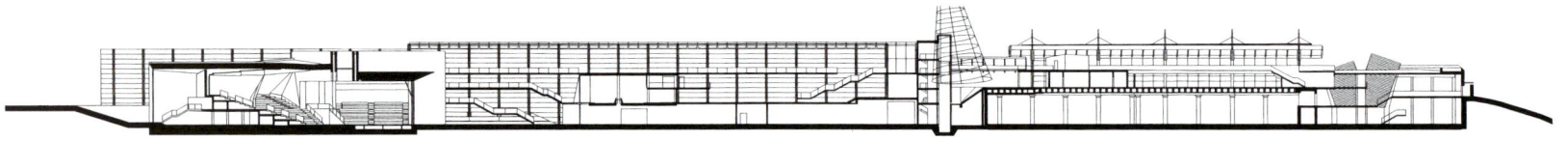

Longitudinal section
Sección longitudinal

0 4 8

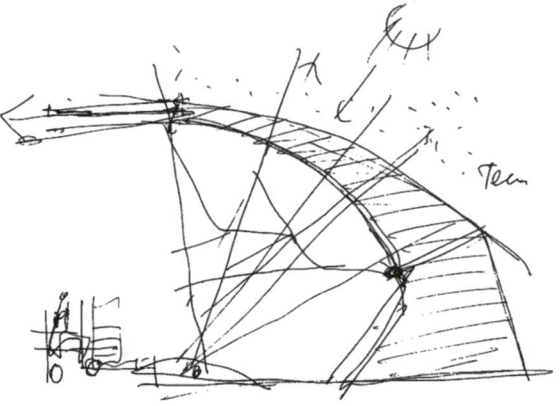

Cantina Mezzacorona

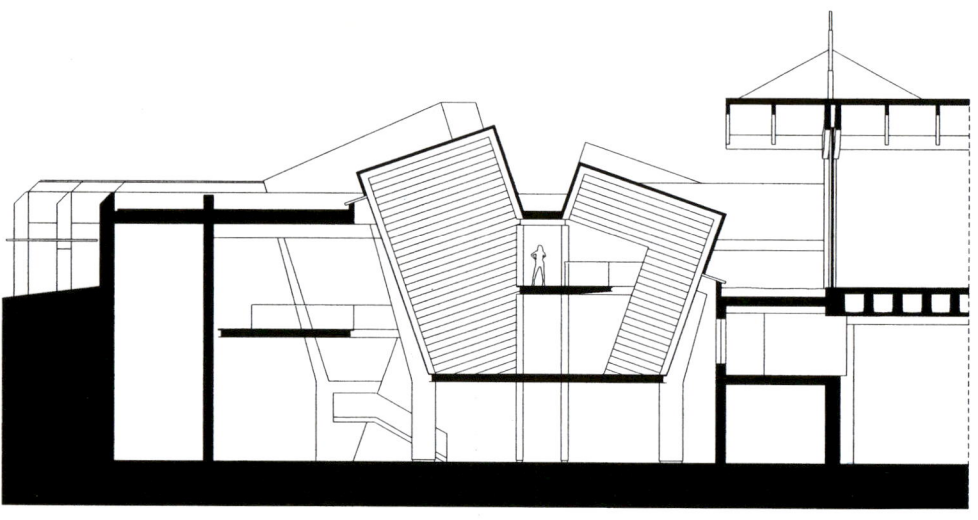

Frontal section
Sección frontal

0 2 4

Cantina Mezzacorona

Cantina Mezzacorona

Alois Lageder

Even more so than in other wineries, the fermentation area is the true heart of Alois Lageder's winery. It is circular, situated at the center of the building, and extends over several levels.

Apart from reducing distances, the circularity of the fermentation area also optimizes costs and is ergonomic. The fact that the extraction, fermentation, maturation, and bottling facilities are directly above each other allows for winemaking via gravity flow, which meets economic and above all enological criteria.

In keeping with the owner's wishes, all areas of the building were designed with a view to minimizing environmental impact and maximizing energy self-sufficiency. This is reflected by the aforementioned gravity-flow winemaking, as well as by the fact that the building itself is composed mainly of natural materials such as wood and stone, while the climate control system takes advantage of temperature differential between the underground and above-ground areas. The building is also equipped with a solar energy system whose surplus output is marketed to Italy's largest electric company, ENEL.

Alois Lageder's ecological principles and practices, which are clearly in evidence at this winery, are completely consistent with his belief that wine is a natural product whose physical and sensory properties should be taken into careful consideration. The architecture contributes to the accomplishment of these objectives through the deployment of appropriate technical solutions.

But apart from this predominantly pragmatic credo, Lageder knows that wine is all about taste, and hence about culture. It is for this reason that upon opening the winery, he initiated a program whereby visual artists selected by a Milan gallery create artworks inspired by a 24-hour sojourn at Weingut Ansitz Löwengang.

Más que en otros lugares, la zona de fermentación constituye el corazón de la bodega Alois Lageder: situada en el centro del edificio, es circular y se distribuye en varios niveles.

La circularidad se debe, además de reducir las distancias del área del proceso de fermentación, a razones ergonómicas y de bajo coste. Situar las etapas de extracción, fermentación, crianza y remontado unas debajo de las otras permiten el trabajo por el método de gravedad, respondiendo una vez más a criterios económicos y, sobre todo, enológicos.

El conjunto de soluciones arquitectónicas no son arbitrarias. Conforme al deseo del maestro de obras, la naturaleza es la protagonista del proyecto, alcanzando una autarquía máxima. Esto repercute en el balance energético, ya que el proceso funciona por gravedad; asimismo, la construcción está compuesta por materias naturales como la piedra y la madera, el sistema de climatización aprovecha las diferencias de temperatura tanto en el interior de la tierra como en la superficie, y finalmente el edificio está equipado con una central eléctrica solar, que produce energía en exceso y que el propietario vende posteriormente al distribuidor de electricidad público italiano ENEL.

Las convicciones ecológicas de Alois Lageder se adecuan a la perfección a la idea de que el vino es un producto natural, y que por ello conviene respetar su forma y su fondo. La arquitectura contribuye a lograr este objetivo, ya que dispone de las soluciones técnicas apropiadas.

Pero más allá de este credo de tendencia funcionalista, Lageder sabe que el vino es también un asunto de gusto y, por lo tanto, de cultura. Por ello, desde el momento que la bodega abrió sus puertas, inició un proyecto en el que artistas plásticos seleccionados por un galerista milanés crean obras inspiradas durante su estancia de 24 horas en este lugar.

Architects: Abram & Schnabl | Photos: © Ludwig Thalheimer/Lupe | Address: Ansitz Löwengang. Margreid, Südtirol, Italy | Tel: +39 04 71 80 95 00

Arquitectos: Abram & Schnabl | Fotos © Ludwig Thalheimer/Lupe | Dirección: Ansitz Löwengang. Margreid, Südtirol, Italia | Tel: +39 04 71 80 95 00

Alois Lageder

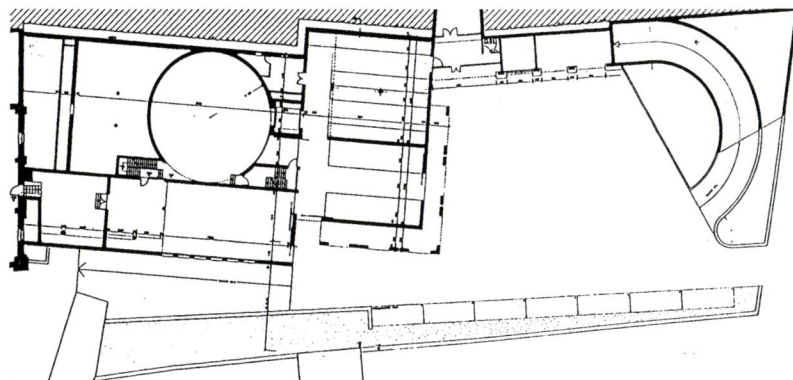

First floor
Primer piso

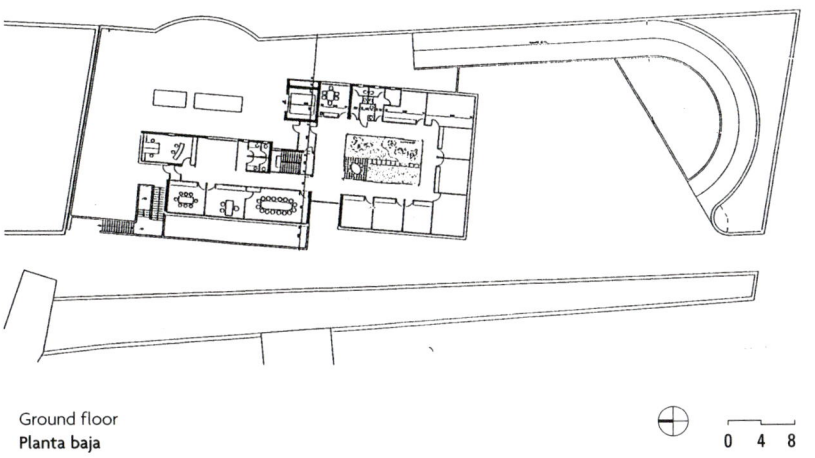

Ground floor
Planta baja

0 4 8

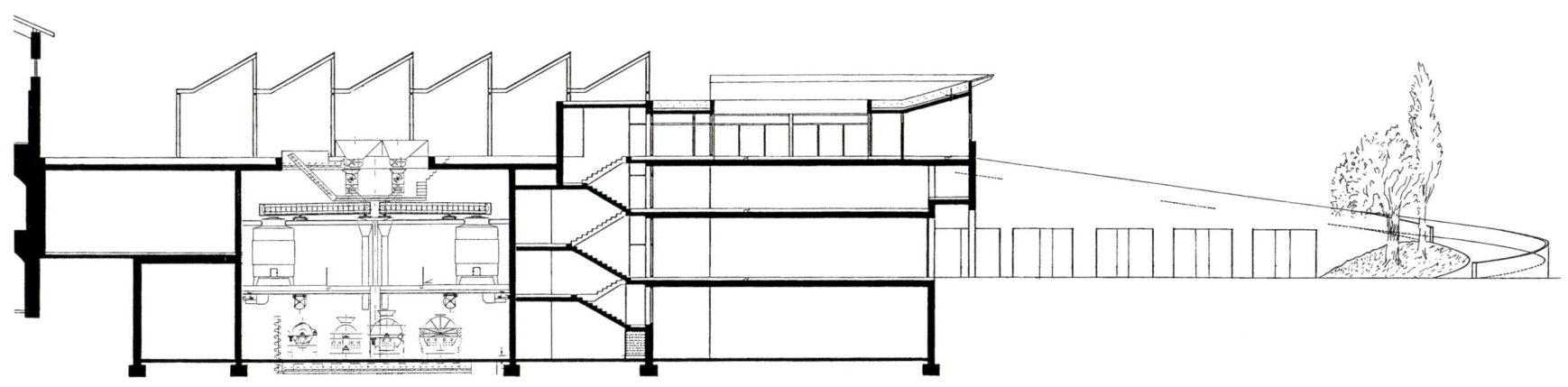

Longitudinal section
Sección longitudinal

0 1 2

Weninger

The reputation of Austrian wines plummetted following the 1985 "glucose" scandal that saw unscrupulous winemakers using anti-freeze on their grapes. But this severe blow brought about a profound change in Austrian winemaking, a change that all concerned willingly refer to as a "revolution." Thus, innovative winery architecture came along at just the right moment, rapidly sending a very strong signal that Austrian winemakers are ready to take on the most insane challenges.

Although the scandal had not yet erupted when Franz Weninger took over his parents' winery in 1982, he nonetheless set himself two goals: to produce one of the country's premier reds; and to replace the "rotten winery buildings" with modern, agreeable and airy buildings in which it would be a pleasure to live and work.

Weninger achieved both of these objectives. He was elected "vintner of the year" in 1995 and his wines regularly win prizes. And since 1998, he has been living and working in a modern building that he designed in close collaboration with Innsbruck-based architect Raimund Dickinger.

Though the original building was razed without any qualms, it has nonetheless determined the groundplan of the new structure. The existing cellar was cleaned up and redesigned and is now visually linked to the shop on the ground floor in a highly innovative manner: the upper row of casks is visible through a hatch that has been created along the back wall.

The building's functions are located in three interior areas that are adjoined by two exterior spaces: a main public entrance on the street side, and the winemaking on the other side. The central section of the building protrudes slightly, thus accentuating this functional separation. The living quarters, located on the second floor, are accessed via a staircase projecting from the facade on the courtyard side of the building.

La reputación de los vinos austriacos padeció un sonado escándalo a mediados de 1980. Este golpe tuvo como consecuencia positiva un profundo cambio de las prácticas vitícolas, un cambio que algunos no dudan en denominar como "revolución". La nueva arquitectura de las bodegas llegaba en el momento apropiado, que enviaba rápidas e intensas señales de que los procesos vitícolas asumían los retos más arriesgados.

Cuando Franz Weninger retomó la hacienda de sus padres en 1982, el escándalo aún no había estallado, pero el joven viticultor ya se había fijado dos objetivos: llegar un día a elaborar uno de los mejores vinos tintos del país y cambiar las "bodegas deterioradas" por edificios contemporáneos, acogedores y ventilados en los que sería agradable vivir y trabajar.

Franz Weninger consiguió sus dos objetivos: en 1995 fue elegido "Viticultor del año" (sus vinos se premian con frecuencia) y desde 1998 vive y trabaja en un edificio moderno concebido en estrecha colaboración con el arquitecto Raimund Dickinger d'Innsbruck.

Aunque la antigua edificación se haya destruido, fue determinante para el proyecto de la nueva estructura. La bodega existente se saneó y rediseñó y se vinculó visualmente a la tienda de la planta baja con mucha originalidad: la hilera de barricas superior se percibe desde arriba a través de una abertura dispuesta a lo largo del muro del fondo.

Las funciones se repartieron en tres espacios interiores a los que se agregaron dos espacios exteriores, uno orientado a la calle para la recepción de los visitantes y clientes, y otro del lado del patio para el proceso vinícola. La zona central del edificio sobresale levemente, acentuando más aún esta separación. Finalmente, la vivienda se encuentra en el primer piso al que se accede por una escalera exterior por la fachada del edificio orientada al patio.

Architect: Raimund Dickinger | Photos: © Pez Hejduk | Address: Florianigasse 11. Horitschon, Burgenland, Austria | Tel: +43 26 10 42 165

Arquitecto: Raimund Dickinger | Fotos: © Pez Hejduk | Dirección: Florianigasse 11. Horitschon, Burgenland, Austria | Tel: +43 26 10 42 165

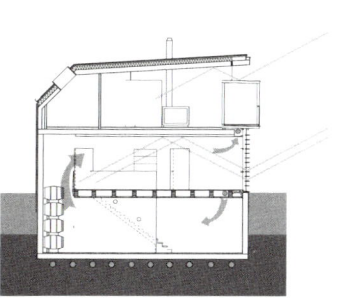
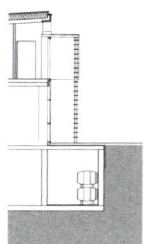
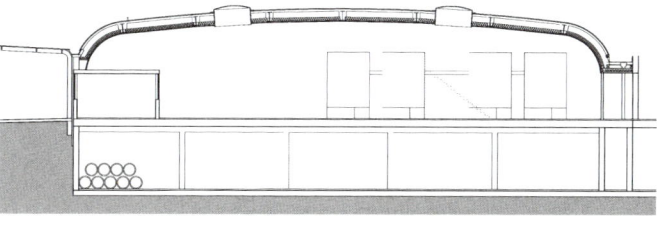

Sections
Secciones

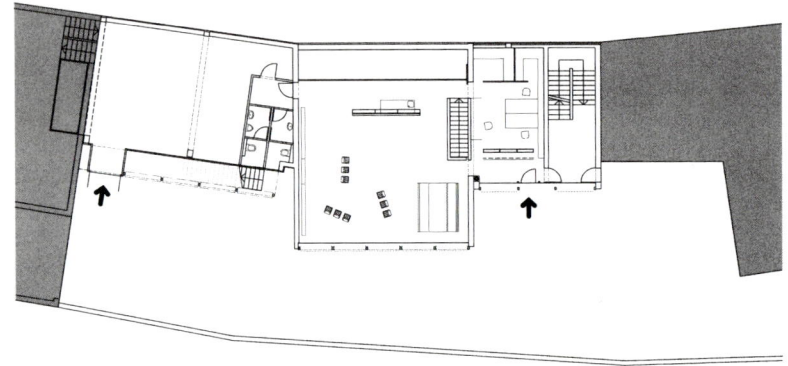

Ground floor
Planta baja

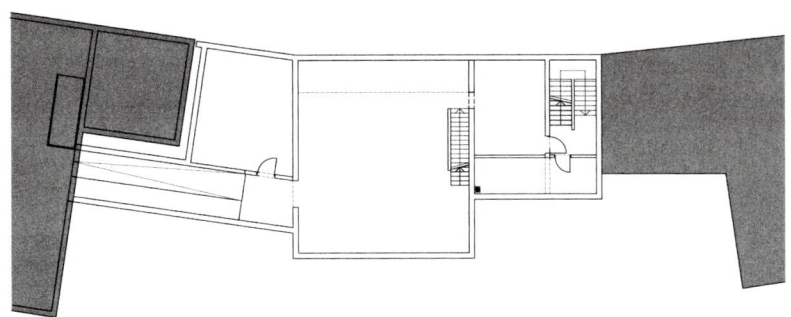

First floor
Primer piso

Vinska Klet Bric

An "architectural walking tour" would be a good way to describe the underlying idea of the winery that architect Boris Podrecca built on a hill in the Istrian hinterland, not far from the Adriatic. Podrecca came up with varying designs for the family of buildings that make up this winery, though for him the composition evokes train cars or even a snake. Whatever associations the complex may bring to mind, the most striking feature of this highly unusual winery is its siting, with the structures dominating the hill but blending seamlessly into the line formed by its crest. On clear days the view extends all the way to Venice.

The buildings and their natural surroundings form a cohesive whole composed of lines, volumes, materials and colors. The architect has created a unique and harmonious structure, most notably through the use of local stone known as krmenjak which is cut and worked using a traditional technique. The other primary material used in the complex is wood, in this case cherry veneer on resin. Although the use of large panels is in keeping with a local tradition, the wood's Spanish provenance harks back to the history of a region that has traditionally been a cultural crossroads: "Venice also grew out of materials being imported from one culture to another," the architect points out, adding that in his view, making buildings is principally an "ethnological" undertaking.

Vinska Klet Bric differs from most of the other wineries in this book in that it serves as both a residence and a workplace. In fact, in designing the winery, the owner set aside one quarter of the space for his own use. The buildings containing the living quarters are arranged in the manner of train cars behind the "locomotive" of the tasting room. From another standpoint, the layout reflects the traditional division of wine-growing estates into a farm and a château. The avenue connecting the two areas will eventually be used for growing vines.

Una "ruta arquitectónica"; así podría designarse el programa de la bodega vitícola que el arquitecto Boris Podrecca emplazó en una colina de la región de Istria, próxima al mar Adriático. El arquitecto dispuso de forma variada la sucesión de edificios, que evoca la imagen de un tren con sus vagones o la forma sinuosa de una serpiente. Sea cual sea la precisión de las asociaciones que suscita, lo que sorprende al visitante es la ubicación de esta bodega en un paraje poco usual, cuya estructura domina la colina como una fortificación y se funde con la líneas que dibuja la cumbre en el horizonte. En días claros, las vistas se extienden hasta la ciudad de Venecia.

El edificio y la naturaleza del entorno conforman un conjunto de líneas, volúmenes, materias y colores. El arquitecto quiso respetar esta armonía, sobre todo por el empleo de la piedra del lugar conocida como krmenjak, que es tallada y trabajada con una vieja técnica local. La madera es otro de los materiales principales de la bodega, en este caso de cerezo contrachapado sobre resina. Ahora bien, aunque el empleo de grandes paneles corresponda también a una tradición autóctona, el origen español de la madera evoca el pasado de la región como encrucijada de culturas: "Venecia también es el resultado de una transferencia de materias, de una cultura a otra", recuerda Boris Podrecca antes de decidirse por la naturaleza esencialmente "etnológica" del arte de construir.

Vinska Klet Bric se distingue de las demás bodegas que se presentan en este libro por ser tanto un lugar de trabajo como de vivienda. El propietario se reservó una cuarta parte del espacio para su uso personal. Los edificios que albergan las viviendas están situados al final del "tren", si se considera la zona de degustación como la "locomotora". Haciendo una relectura del conjunto podemos contemplar la separación tradicional de las haciendas vitícolas: por un lado, la granja agrícola, y por el otro, el castillo. El paseo que une las dos zonas se recubrirá con el tiempo con parras.

Architect: Boris Podrecca | Photos: © Jaka Jerasa | Address: Dekani 3 a. Dekani, Slovenia | Tel: +386 (0)5 66 99 105

Arquitecto: Boris Podrecca | Fotos: © Jaka Jerasa | Dirección: Dekani 3 a. Dekani, Eslovenia | Tel: +386 (0)5 66 99 105

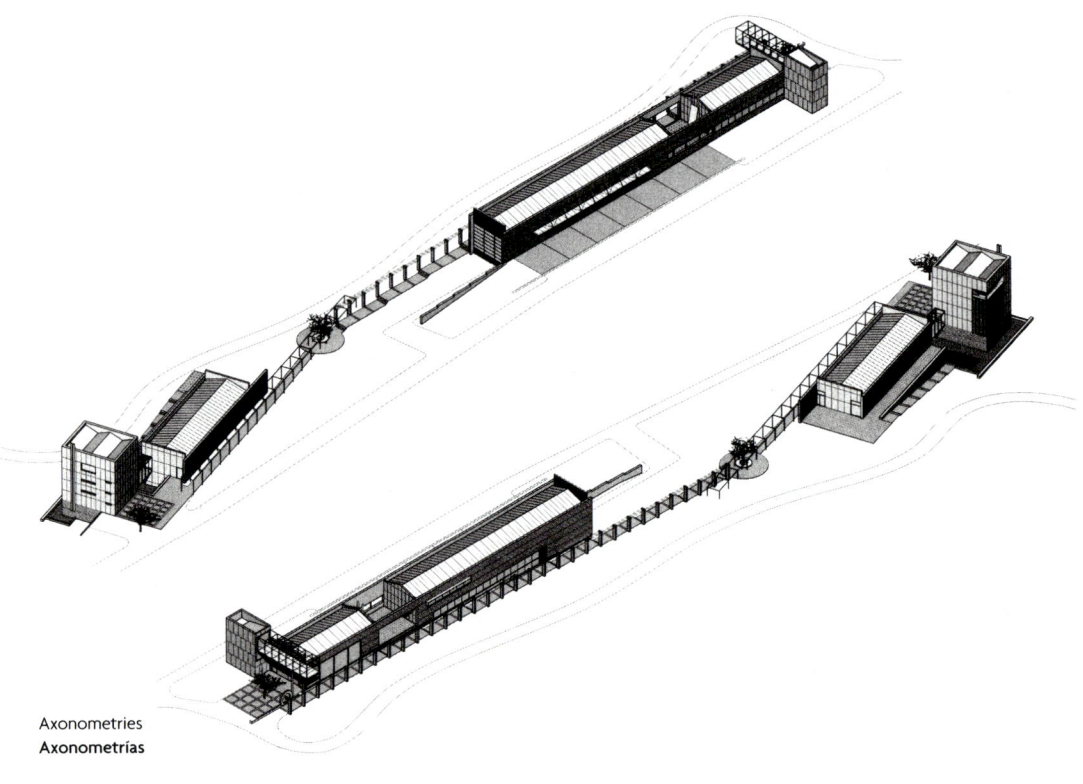

Axonometries
Axonometrías

Vinska Klet Bric

Vinska Klet Bric

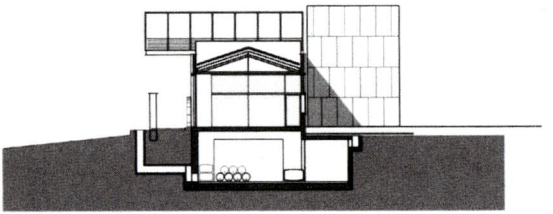
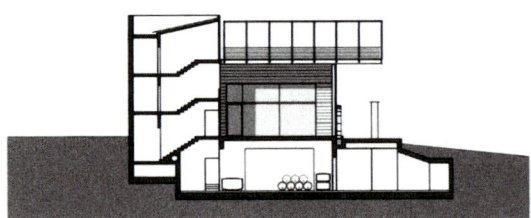

Cross sections
Secciones transversales

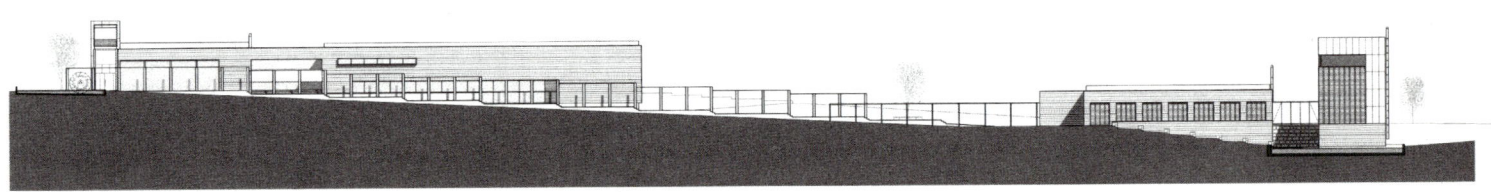

Elevation
Alzado

Disznókó Tokaji

In order to fully appreciate the architecture at Disznókó Tokaji, one needs to know that Tokaj wine is produced through a series of complex processes that require dedicated spaces with interrelationships that are carefully calibrated. It should also be noted that this winery, like a number of others, has been given a major shot in the arm by a large foreign corporate group (in this case AXA-Millésimes) and that the aim has been to abolish the practices of the former agricultural collectives and return to a centuries-old winemaking tradition. These multifarious objectives are reflected by the coexistence of a fairly diverse series of buildings that extend over 150 hectares, 100 of which are used for vineyard plantings.

One of the buildings was designed by Deszo Ekler, a student of Imre Makovecz and figurehead of an organic architectural style that is very popular in Hungary. It is in the center of the property but is far removed from the main axis. It is open on the north side in order to receive grapes, while its three naves extend southward like the rays of sunlight that penetrate even into the winery's underground passageways, burrowed directly out of the rock.

The grapes fall into the wine presses via gravity flow, which obviates the necessity of pumping. Although most of the winemaking occurs within the building and the tunnels that were dug out of the rock, a bridge-like structure placed across the three rooftops, as if astride a horse, allows visitors to move between the buildings without interfering with the winemaking below. Overhead lighting is an ideal solution here, as it avoids exposing the wine to too much light while at the same time creating an attractive setting that hardly looks like an interior, thanks to the false gables that give onto the platform.

Para apreciar plenamente la arquitectura de Disznókó Tokaji, hay que saber que el vino de Tokaj es el resultado de complejos procesos que exigen espacios específicos articulados entre sí. A esto se suma el hecho de que aquí, como en otros dominios impulsados gracias al apoyo financiero de grandes grupos extranjeros (en este caso AXA-Millésimes), se ha querido suprimir las prácticas del pasado colectivista y reconciliarse con una tradición vitícola antigua empleada desde hace siglos. Esta variedad de objetivos se traduce en la cohexistencia de una diversidad de edificios que se extienden en 150 hectáreas, 100 de las cuales están plantadas de vides.

Uno de estos edificios fue diseñado por Dezso Ekler, alumno de Imre Makovecz y representante de un estilo arquitectónico orgánico muy extendido en Hungría. Está situado en el centro de la propiedad, pero alejado del eje principal. Abierto hacia el norte para la recepción de la uva, sus tres naves apuntan hacia el sur, como los rayos de sol que continúan su recorrido incluso hasta los pasillos subterráneos de la bodega, cavada directamente en la roca.

La inclinación del terreno contribuye a que la uva caiga en las prensas, evitando la utilización del bombeado. Aunque el proceso de vinificación se desarrolle principalmente en los niveles inferiores del edificio y en los túneles perforados directamente en la roca, una estructura similar a un puente superpuesta sobre las tres techumbres permite la circulación de los visitantes sin interrumpir el trabajo. La iluminación cenital es aquí la solución ideal, privando al vino de la luminosidad y destacando a su vez un espacio que apenas se muestra como interior, a causa de los falsos aguilones que van a dar a la tarima.

Architect: Dezso Ekler | Photos: © Mészaros István | Address: Levelcim, 3910. Tokaj, Hungary | Tel: +36 47 361 371

Arquitecto: Dezso Ekler | Fotos: © Mészaros István | Dirección: Levelcim, 3910. Tokaj, Hungría | Tel: +36 47 361 371

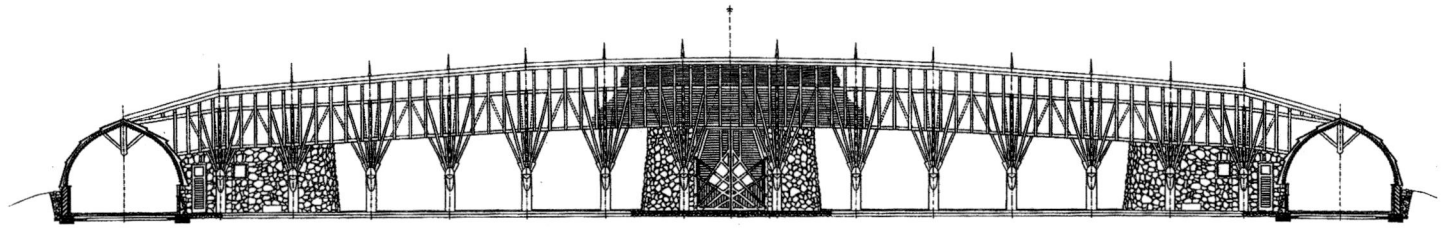

Section
Seccion

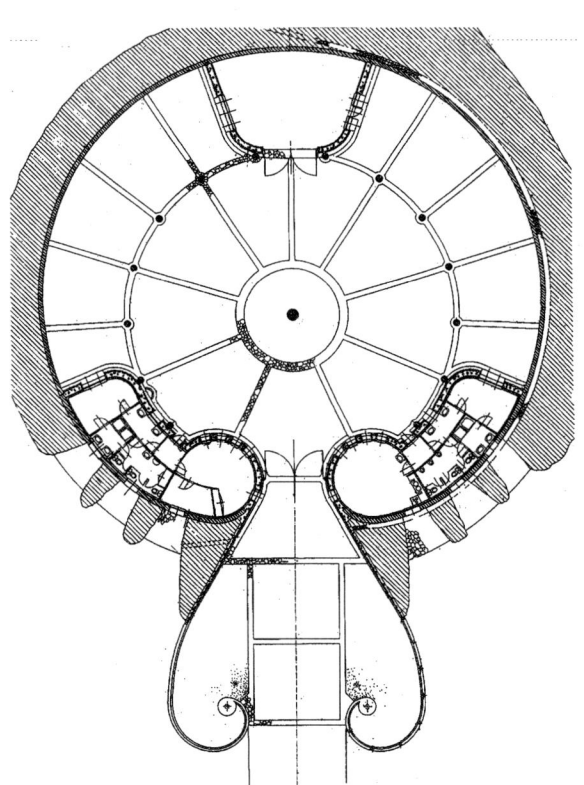

Detail
Detalle

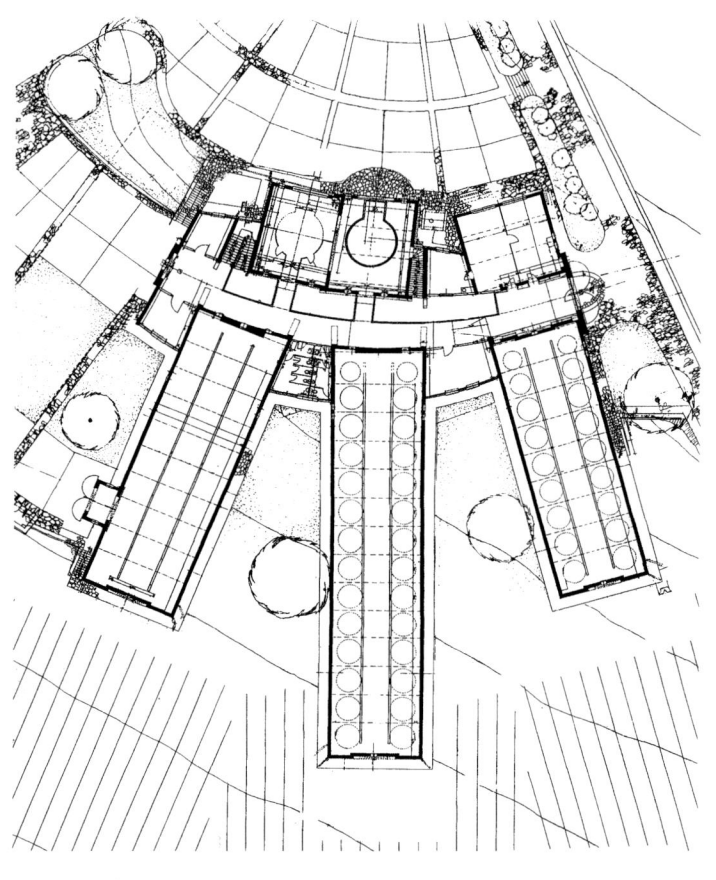

Plan
Planta

Diszsnókó Tokaji

The project gathers constructions with many different schemes, from buildings with organic forms to much more traditional spaces with gabled roofs; despite the differences, however, coherence is maintained throughout of the project.

El proyecto reúne construcciones con esquemas muy distintos, desde edificios con formas orgánicas hasta espacios mucho más tradicionales con cubiertas a dos aguas; pero pese a las diferencias, siempre se mantiene la coherencia con los trabajos que se desarrollan en cada parte del proyecto.

The rooms in which the barrels are situated were excavated directly into the rock, this is one of the oldest and simplest ways of maintaining a constant temperature.

Las salas de las barricas están excavadas directamente en la roca, ya que es una de las maneras más antiguas y sencillas de mantener una temperatura constante.

Disznókó Tokaji

Jackson-Triggs

The roof is by far the most striking element of this factory-size building. Projecting 3 to 5 meters beyond the exterior walls, resting on a 2.5 meter-high band of windows and supported by V-shaped beams that seem to sprout from the walls like tree branches, this roof the size of soccer field appears to float in the air. The feeling of lightness is accentuated by the horizontal lines on the building's facades and is only slightly attenuated by a wall of untreated rock, slightly removed from the building that acts as a dividing wall between the interior and exterior of the café-restaurant and supports a VIP terrace with southern exposure.

While the design of the roof is indicative of a desire to make an aesthetic splash, the remainder of the building is strictly functional. Though winemaking takes pride of place, it is inextricably bound up with wine selling. To reconcile these two goals, the architects designed a structure in which the tour of the winery follows the vinification process, from grape delivery in the northwest corner of the building to the winecellar (for gravity flow winemaking), and on to the fermentation and mixing areas and bottling facility or, for superior vintages, the barrel filling area. The barrels are lined up in a cellar whose arched concrete ceiling is particularly pleasing, thanks to the use of indirect lighting.

At the conclusion of the tour, potential purchasers pass through a large central hall that is accessed by crossing a bridge. The east wing of the building accommodates the offices (on the third floor) as well as the tasting room, sales area and restaurant.

El tejado es indiscutiblemente el elemento más destacado de este edificio de dimensiones industriales. Del tamaño similar a un campo de fútbol, el techo sobrepasa la verticalidad de los muros de 3 a 5 metros, apoyado sobre una serie de ventanas de 2,5 metros de alto y sostenido por vigas en forma de V que, como ramas de árbol, surgen del muro para sostener una estructura que parece levitar en el aire. Esta impresión de ligereza se acentúa con la horizontalidad de las líneas dibujadas en las fachadas, y se atenúa por un muro de piedra bruta que, dislocado y desplazado del edificio, separa el interior y el exterior del café-restaurante y sostiene una terraza para importantes personalidades orientada hacia el sur.

Aunque el diseño del tejado revele una búsqueda de la belleza, el resto del edificio responde a necesidades funcionales. Entre ellas, el proceso de vinificación es el que predomina, pero es inseparable del área de comercialización. Para conciliar estas dos zonas, los arquitectos han concebido un edificio de doble recorrido, al de los visitantes sigue el del proceso de vinificación, va desde la entrega de la uva por el ángulo noroeste del edificio, pasando por las cubas de fermentación y de ensamblaje y el embotellado o, para los vinos de calidad superior, en barricas, hasta la bodega de barricas subterránea —por el método de gravedad—. Las barricas se alinean en el subsuelo que, gracias a la bóveda de hormigón, está bañado de luz que penetra indirectamente.

Al final de la visita, el potencial comprador accede al gran vestíbulo central pasando por un puente. En el ala este del edificio se hallan las oficinas, ubicadas en el segundo piso, y especialmente los espacios de degustación, de comercialización y de restauración.

Architects: KPMB Architects | Photos: © Design Archive/Robert Burley and Peter A. Sellar/KLIK | Address: 2145 Regional Road 22. Niagara-on-the-Lake, Ontario, Canada | Tel: +1 905 468 4637

Arquitectos: KPMB Architects | Fotos: © Design Archive/Robert Burley y Peter A. Sellar/KLIK | Dirección: 2145 Regional Road 22. Niagara-on-the-Lake, Ontario, Canadá | Tel: +1 905 468 4637

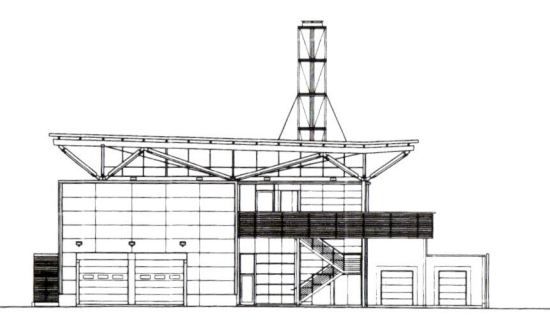
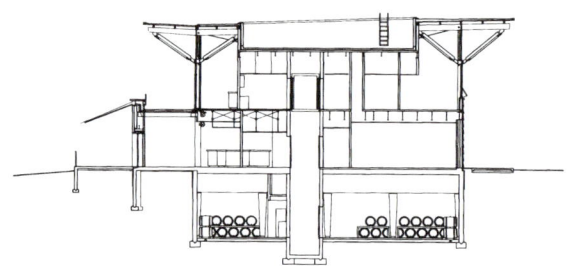

Cross sections
Secciones transversales

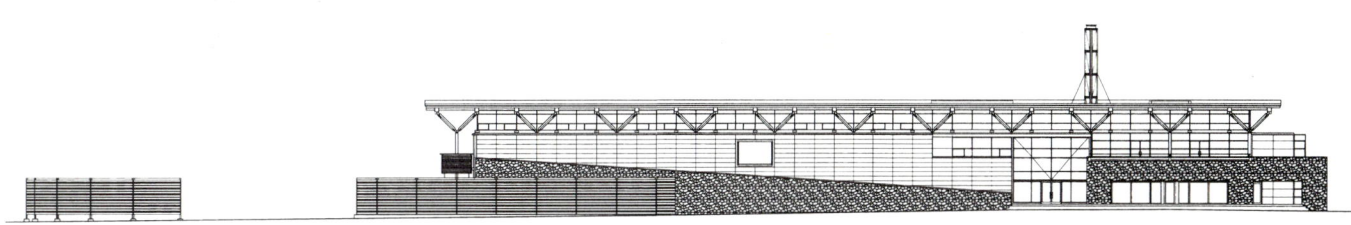

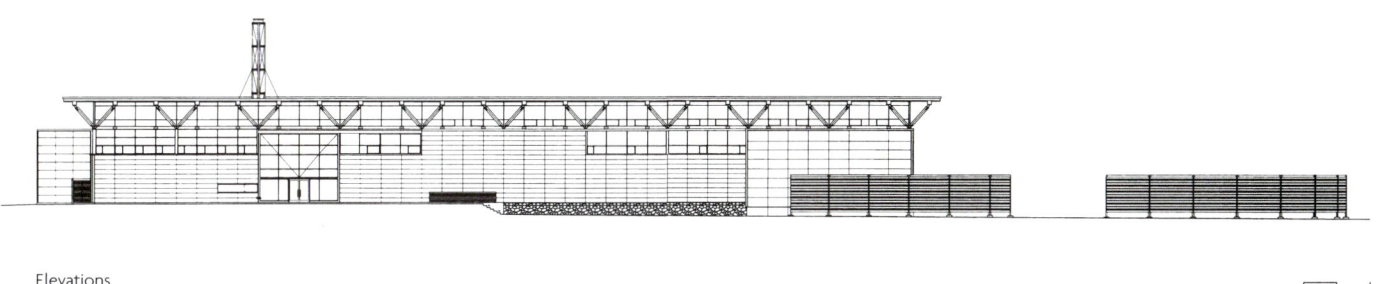

Elevations
Alzados

0 2 4

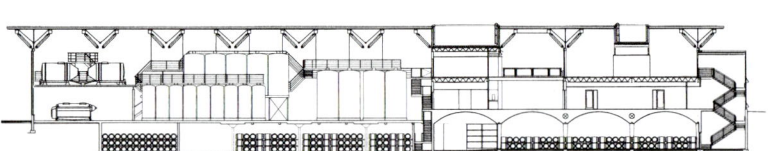

Longitudinal section
Sección longitudinal

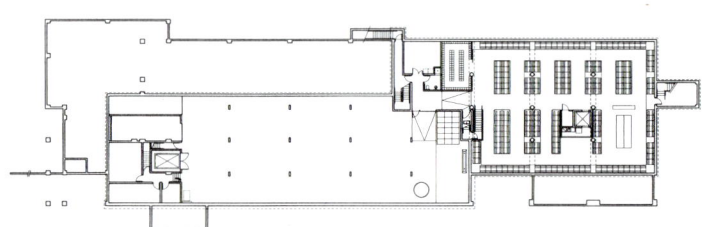

Basement
Sótano

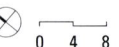

0 4 8

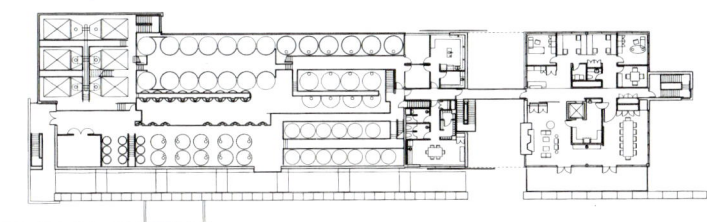

Ground floor
Planta baja

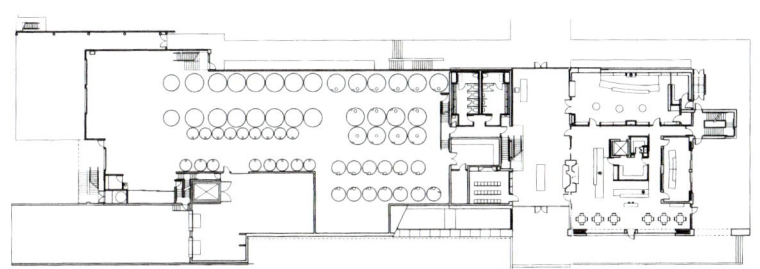

First floor
Primer piso

Dominus Winery

One of the key criteria that the architect of a winery has to take into consideration is the maintenance of a constant temperature. The Swiss architects Jacques Herzog and Pierre de Meuron implemented a radically different solution to this problem at Dominus Winery, whose proprietors are Christian Moueix and Cherise Chen-Moueix, members of the family that owns Pétrus winery in Pomerol, France. The technique consists of walls constructed using gabions. These steel wire-mesh baskets filled with stones are used, particularly in the Swiss Alps, to stabilize or reinforce engineering structures without disfiguring the landscape – which is a concern since the earth, which is visible through the wire mesh baskets, comes from the same place in which it is being reused.

The architects' idea was ingenious: combining the visual impact of a stone wall with its capacity for thermal self-regulation, resulting in a cement-free construction of "loose" rocks. Herzog and de Meuron's building literally melts into the landscape and is barely visible from afar against the backdrop of the Coastal Range hills. And no air conditioning is needed (even if the winery owns this type of equipment it is only because it is regarded as indispensable in the US – but Dominus does not use theirs).

As for the remainder of the building, it is a simple rectangle (100 x 25 meters) with large openings that allow people to move in and out of the building. The configuration of the space is governed by the winemaking process. On one side is the barrel fermentation area, while the bottling facility and wine storage area are on the other side, with the stainless steel fermenters in the middle. A floor above the barrel fermentation area accommodates offices as well as a room used for tasting – and, on rare occasions, for receiving visitors.

Uno de los primeros requisitos que tiene que tener en cuenta el arquitecto al diseñar una bodega es que la temperatura se mantega estable. Sin embargo, los arquitectos suizos Jacques Herzog y Pierre de Meuron llevaron a cabo una solución muy original y completamente diferente de todo lo que se conocía hasta el momento en Dominus Winery, propiedad del matrimonio Christian Moueix y Cherise Chen-Moueix, miembros de la familia que poseen la bodega Pétrus en Pomerol, Francia. La técnica consiste en la construcción de muros utilizando gaviones. Estas gigantescas mallas rellenas de piedras son empleadas, especialmente en los Alpes suizos, para estabilizar y reforzar obras de ingeniería sin desfigurar el paisaje, ya que el material –visible a través de la alambrada de contención– proviene del propio lugar en el que está emplazado el edificio.

Los arquitectos tuvieron una idea genial combinando el efecto óptico del muro de piedra con la autorregulación térmica que se obtiene del amontonamiento de las piedras naturales. Este edificio se funde literalmente con el paisaje, vagamente visible de las colinas del Coastal Range. No es necesario ningún tipo de sistema de climatización (es aconsejable e indispensable este tipo de equipamiento, ya que es inimaginable que en Estados Unidos no exista; sin embargo, en Dominus Winery no se utiliza).

El resto del edificio es un sencillo rectángulo (100 x 25 metros) con amplias aberturas por donde circulan los visitantes. La organización del espacio viene predeterminada por el proceso de vinificación: a un lado, la bodega de barricas; por el otro, la zona de embotellado y el almacenamiento, y finalmente, en el centro, las cubas de acero inoxidable. Encima de la bodega de barricas hay una planta para la administración, la degustación y también, aunque de manera excepcional, para recibir a los visitantes.

Architects: Jacques Herzog and Pierre de Meuron I Photos: © Margherita Spiluttini I Address: 2570 Napanook Road. Yountville, US I Tel: +1 707 944 89 54

Arquitectos: Jacques Herzog y Pierre de Meuron I Fotos: © Margherita Spiluttini I Dirección: 2570 Napanook Road. Yountville, Estados Unidos I Tel: +1 707 944 89 54

Dominus Winery

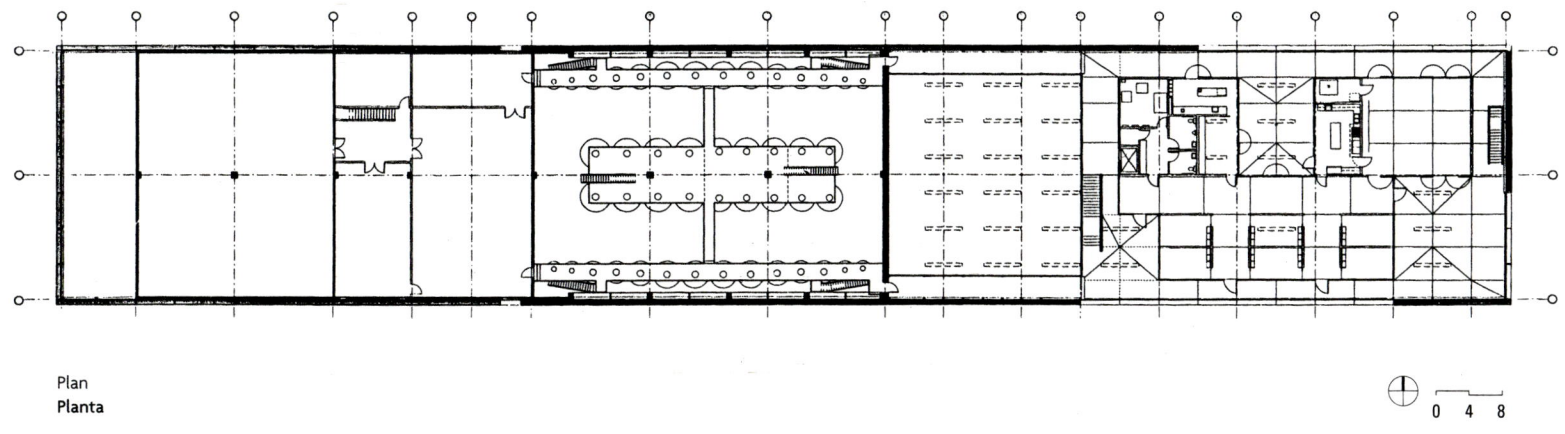

Plan
Planta

0 4 8

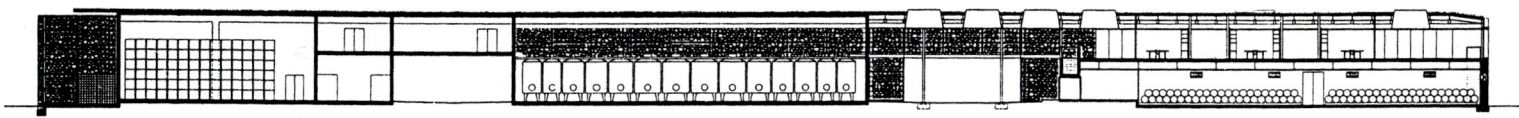

Longitudinal section
Sección longitudinal

Dominus Winery

Dominus Winery

Dominus Winery

Bodega Séptima

Bodega Séptima is the seventh winery to have been opened or acquired by the Spanish Codorniu group. The winery's seeming unassuming name conceals an enterprise with global reach, as the other six facilites are scattered around the globe.

The building itself reflects these ambitious aims, above all through its form, which pay tribute to Precolumbian South American culture. The dimensions are impressive as well: the 132-meter-long facade, which is parallel to a highway linking Argentina and Chile, is hardly an act of reticence. And then there is the setting: the grandeur of the building nearly matches that of the Cordillera (Andes) mountains, which reach more than 6,000 meters in height.

The layout of the building is highly process-oriented. Delivery trucks bring grapes to the large glazed openings at the southeast corner of the building. The fermentation cellar, which is 14 meters high and 28 meter wide, is designed to convert 1,500,00 litres of juice into wine each year. The barrel-aging and wine cellars are located under the main terrace on either side of a corridor that links the winemaking and packing areas, which are smaller than the other areas and have much lower ceilings. The wine cellar gives onto two conference and tasting rooms which are located under the monumental staircase from which the front terrace can be accessed. One of the interesting features of the west side is the central position of the laboratory, which is located in a series of glass enclosures that separate the bottling facility from the shipping warehouse.

The public entrance is on the second floor, so as to keep the work areas separate from the visiting areas and to enable visitors to enjoy the view of the vineyard plantings and the surrounding countryside.

Esta es la séptima propiedad abierta e integrada por el grupo español Codorniu. Bajo la aparente ironía del nombre se adivina en realidad una intención global, ya que las otras seis se encuentran dispersas por todo el mundo.

El edificio encarna las ambiciones del proyecto, principalmente por su forma, como tributo a la cultura prehispánica del continente sudamericano; asimismo, sus espectaculares dimensiones, una fachada de 132 metros que recorre una carretera nacional que une Argentina con Chile, no tratan de ocultarse y rivalizan con la cordillera de los Andes, cuyas cumbres nevadas alcanzan la cota de 6.000 metros.

En cuanto al diseño y a la estructura del edificio, todo está en función del proceso de vinificación. La uva se entrega frente a las grandes aberturas de vidrio en el extremo sudeste. La tina, preparada para transformar 1.500.000 litros de mosto por año en vino, tiene una altura de 14 x 28 metros de ancho. La bodega de barricas y el almacén de botellas, situados bajo la terraza central, a cada lado del pasillo que une la zona de vinificación y la del envasado, son de menores dimensiones y, sobre todo, de menor altura. Desde el almacén de botellas se accede a dos salas de reunión y de degustación, situadas bajo la monumental escalera que, desde la fachada, da acceso a una terraza mirador. Una de las particularidades del ala oeste es la ubicación central del laboratorio, en un recinto compuesto por una sucesión de cajas vidriadas que delimitan, además, el área de embotellamiento del almacén de expedición.

La recepción se sitúa en el primer piso, ubicada para separar los espacios de trabajo del de visitas, así como del disfrute de las espectaculares vistas del viñedo y de los paisajes circundantes.

Architects: Eliana Bormida and Mario Yanzon | Photos: © Alejandro Guinsberg | Address: Ruta 7 Internacional a Chile, km 6'5. Agrelo, Luján de Cuyo, Mendoza, Argentina | Tel: +54 0261 4985 164

Arquitectos: Eliana Bormida y Mario Yanzon | Fotos: © Alejandro Guinsberg | Dirección: Ruta 7 Internacional a Chile, km 6,5. Agrelo, Luján de Cuyo, Mendoza, Argentina | Tel: +54 0261 4985 164

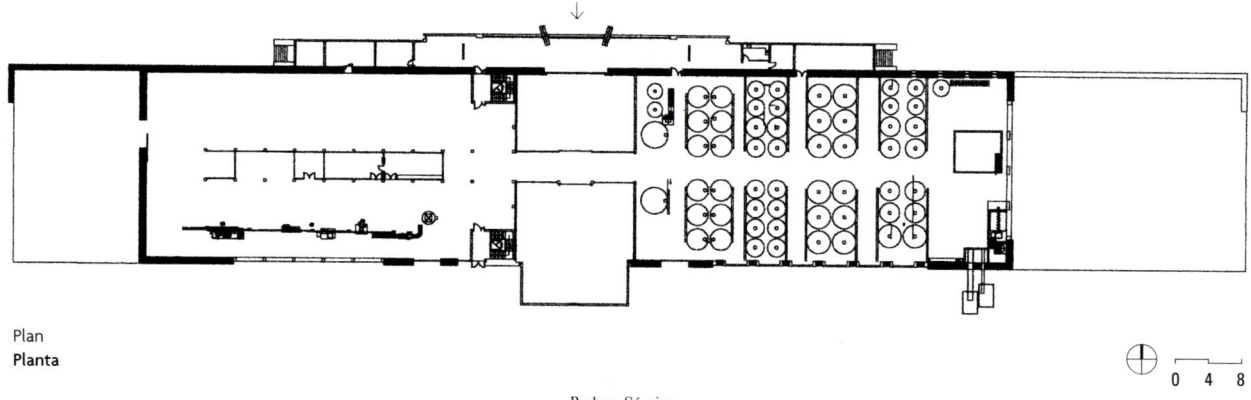

Plan
Planta

Bodega Séptima

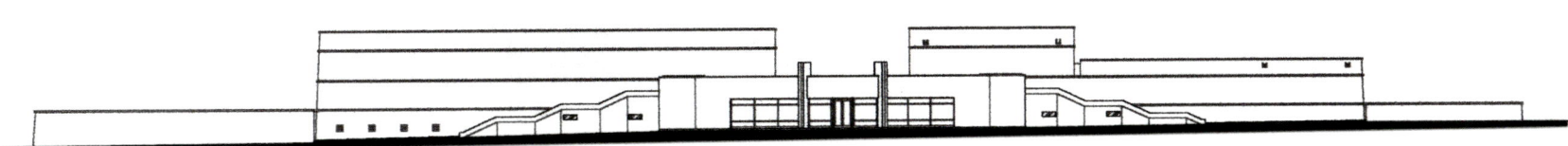

Elevation
Alzado

Bodega Séptima

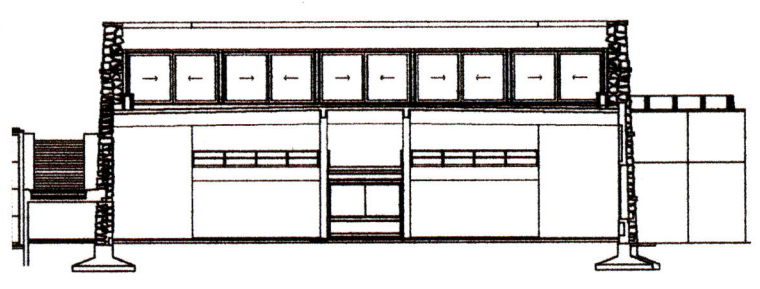

Section
Sección

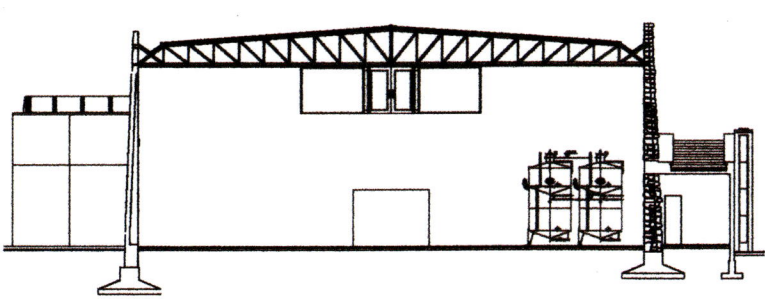

Section
Sección

Catena Zapata

As the oldest son of an Argentinean father and Italian mother, Nicolas Catena Zapata is a synthesis of the Old and New worlds. Before establishing his winery, Zapata carefully analyzed the "California paradigm" practiced by Robert Mondavi. But when it came to designing the winery, he turned to Argentinean architect Pablo Sanchez Elia. In keeping with the desire of Zapata and his partner Eric de Rothschild to create an authentically South American building, the winery takes its architectonic cues from the Mayan pyramids, particularly the temple at Tikal in the mountains of Guatemala.

The winery's interior, with its plethora of levels, transverse corridors and overhead is reminiscent of Piranesi's drawings. But from an enological standpoint, the groundplan is governed entirely by the exigencies of the winemaking process: the liquids descend by gravity flow and the wines are aged in naturally cool underground cellars. On the other hand, the various spaces are configured in such a way as to dramatically underscore the process of transforming grape juice into wine – the equivalent of the Eucharist in Christian theology.

Be that as it may, what counts most of all is the atmosphere that reigns in this winery, and on this score there can be no doubt as to the success that has been achieved here: the stone, glass and the interplay of light and form are infinitely charming and sensually exalting. More than that one cannot ask for.

Nicolás Catena Zapata, el primogénito de una familia italo-argentina, es en sí mismo una síntesis del Viejo y del Nuevo Mundo. Antes de dedicarse a la construcción de su hacienda, estudió la "estrategia californiana" de Robert Mondavi, y Catena Zapata llamó al arquitecto argentino Pablo Sánchez Elia para el diseño. Siguiendo el deseo del propietario y de Eric de Rothschild, su socio en la corporación, el arquitecto albergó la producción de vino en un edificio inspirado en el modelo arquitectónico de las pirámides de la época maya y, particularmente, del templo Tikal, situado en las montañas de Guatemala.

Los espacios interiores recuerdan a los grabados de Piranisi, con sus diferentes niveles, recorridos transversales y luz cenital. Ahora bien, desde el punto de vista enológico, el proyecto sigue el proceso con el escurrido de líquidos por gravedad y la sala subterránea para el reposo de las barricas en un ambiente fresco. La disposición de los espacios, por el contrario, sirve explícitamente para la escenificación de la transformación del mosto en vino, el equivalente de lo que en términos cristianos se denomina eucaristía.

De todas formas, y sea cual sea las diversas lecturas que se puedan desprender del lugar, la atmósfera es la que reina en todo el entorno: la piedra, el vidrio, el juego de las formas y de la luz contribuyen al hechizo y a la exaltación de los sentidos. ¿Qué más se puede pedir?

Architect: Pablo Sánchez Elia | Photos: © Carlos Calise | Address: Cobos, s/n. Agrelo, Luján de Cuyo, Mendoza, Argentina | Tel: +54 261 490 0214

Arquitecto: Pablo Sánchez Elia | Fotos: © Carlos Calise | Dirección: Cobos, s/n. Agrelo, Luján de Cuyo, Mendoza, Argentina | Tel: +54 261 490 0214

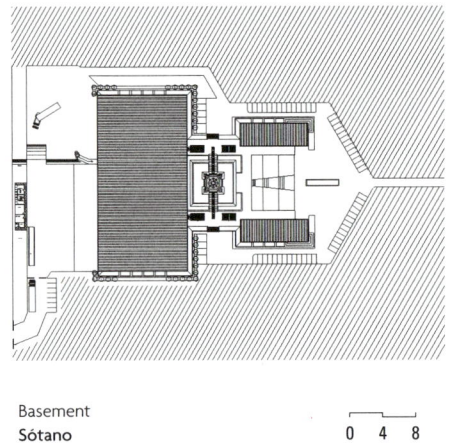

Basement
Sótano

0 4 8

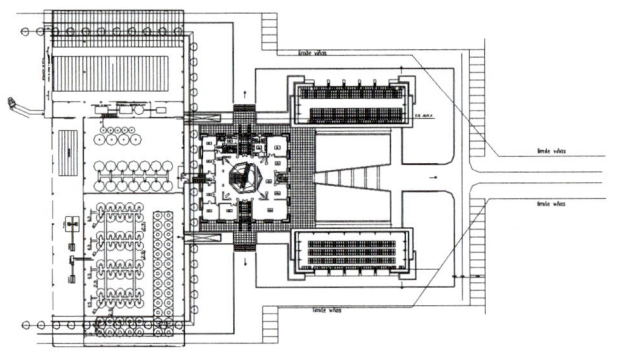

Ground floor
Planta baja

This meeting room exhibits a carefully devised interior in which the casks are used as a theatrical element and the only decorative objects are the bottles placed on top of the table.

El cuidado de los interiores y la utilización de las barricas como elemento escénico se hace evidente en esta sala de reuniones, en la que la presencia de las botellas sobre la mesa es la única decoración.

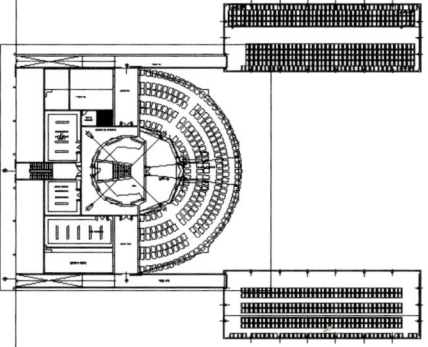

First floor
Primer piso

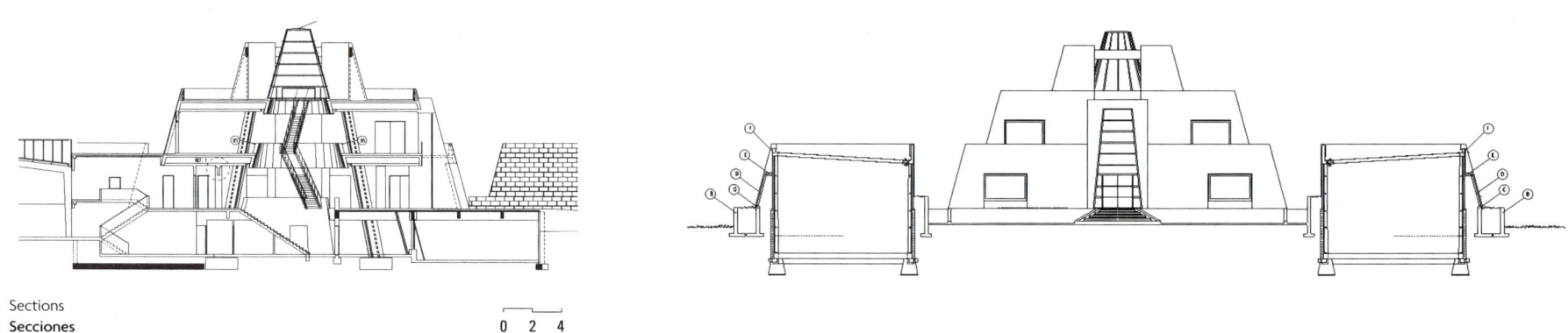

Sections
Secciones

0 2 4

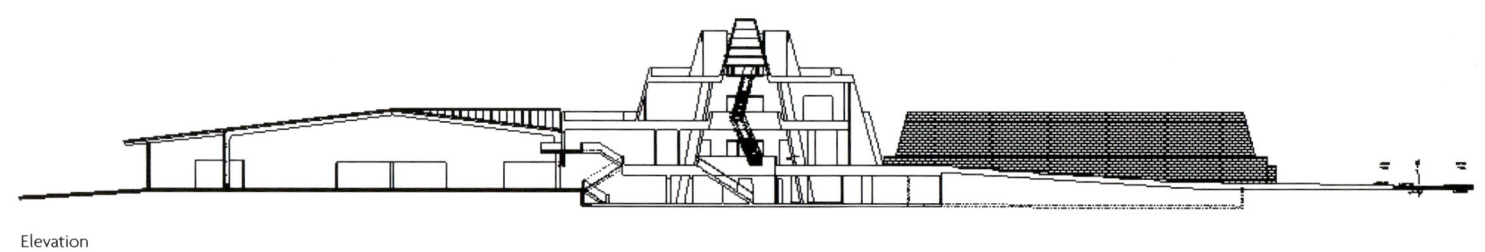

Elevation
Alzado

Catena Zapata

142

Las Niñas

Viñas del Nuevo Mundo S.A. is a corporate subsidiary of Vignobles Jean & Bernard Dauré which since 1974 has been producing wine in the heart of France's Rousillon winemaking region. Whereas Las Niñas's parent company makes no bones about its close ties with a venerable wine producing region, Las Niñas is all about modernity. For here in the Colchagua valley at the foot of the Cordillera (Andes) mountains, some 175 km south of Santiago, the Dauré family caused a sensation by commissioning young Chilean architect Mathias Klotz to design a winery of industrial scope.

As befits a corporation, the winery immediately launched a highly "new-world" style marketing campaign in which the winery itself embodies the brand image. The winery's groundplan was elaborated in strict accordance with the vinification process, each stage of which is carried out in a special area.

The main module, which has an east-west orientation, is a warehouse-like structure with a metal framework whose walls are made of radically unusual materials. For example, the south facade is entirely composed of translucent polycarbonate (a material that the proprietor says is "very inexpensive") which by day filters the indirect light from outside and by night transforms the winery into a mammoth glowing lantern. The north facade, however, is, of necessity, opaque (this being the southern hemisphere) and is covered with a kind of wooden trellis whose sole opening is a 2.7 meter-high window at the plinth level.

The barrel-aging building protrudes beyond the large module on the east side. Made of reinforced concrete, its interior walls are covered with pebble-filled gabions. The resulting massiveness of the structure allows for ideal temperature stability while at the same time creating a subdued atmosphere.

Viñas del Nuevo Mundo S.A. es una filial de Vignobles Jean & Bernard Dauré, con sede desde 1974 en el corazón del viñedo rosellonés. Aunque la casa madre reivindique así abiertamente su establecimiento en un antiguo territorio vitícola, no ocurre así con Las Niñas. En el valle de Colchagua, al pie de la cordillera de los Andes y a unos 175 kilómetros al sur de Santiago, la familia Dauré ha causado expectación encargando al joven arquitecto chileno Mathias Klotz la concepción de una bodega de dimensiones industriales.

Como corresponde a una corporación, se han actualizado los métodos de marketing ofensivos del Nuevo Mundo y la bodega encarna la imagen de la firma. Con ello, la planta del edificio se organiza en función del proceso de vinificación, cada fase de elaboración se desarrolla en su propio espacio.

El módulo principal, orientado hacia el este-oeste, está construido como un simple hangar de estructura metálica que se distingue por el material de las paredes. De esta forma, la fachada sur está realizada completamente en policarbonato traslúcido, un material que durante el día filtra la luz indirecta del exterior y por la noche transforma la bodega en un enorme farolillo veneciano iluminando el interior. Por el contrario, la fachada norte ha de ser opaca, debido a los abundantes rayos de sol que recibe (el edificio está emplazado en el hemisferio sur); está revestida como si se tratase de una persiana de madera con una hilera de ventanas de 2,7 metros de alto desde el nivel del suelo.

La bodega de barricas sobresale parcialmente de los límites del edificio por la zona este. Está construida de hormigón armado y las paredes interiores se han revestido de gaviones rellenos de canto rodado. De esta manera, la masa del bloque garantiza una estabilidad térmica que permite que el ambiente sea agradable.

Architect: Mathias Klotz | Photos: © Alberto Piovano | Address: Parcella, 11. Millanhe de Apalta, Santa Cruz, Chile | Tel: +56 72 930917

Arquitecto: Mathias Klotz | Fotos: © Alberto Piovano | Dirección: Parcella, 11. Millanhe de Apalta, Santa Cruz, Chile | Tel: +56 72 930917

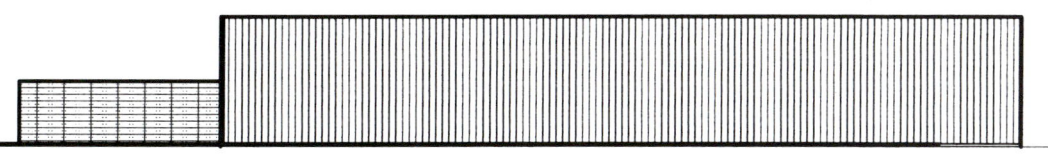

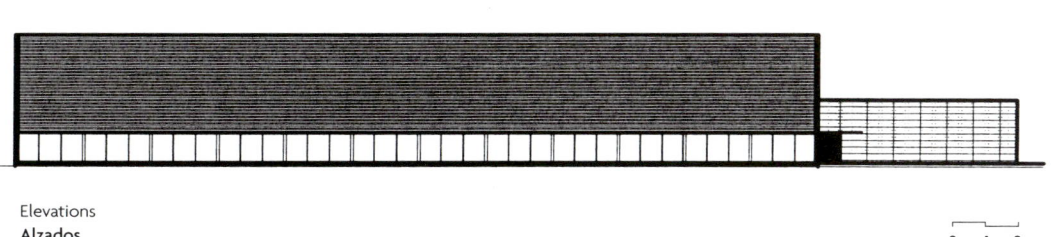

Elevations
Alzados

0 4 8

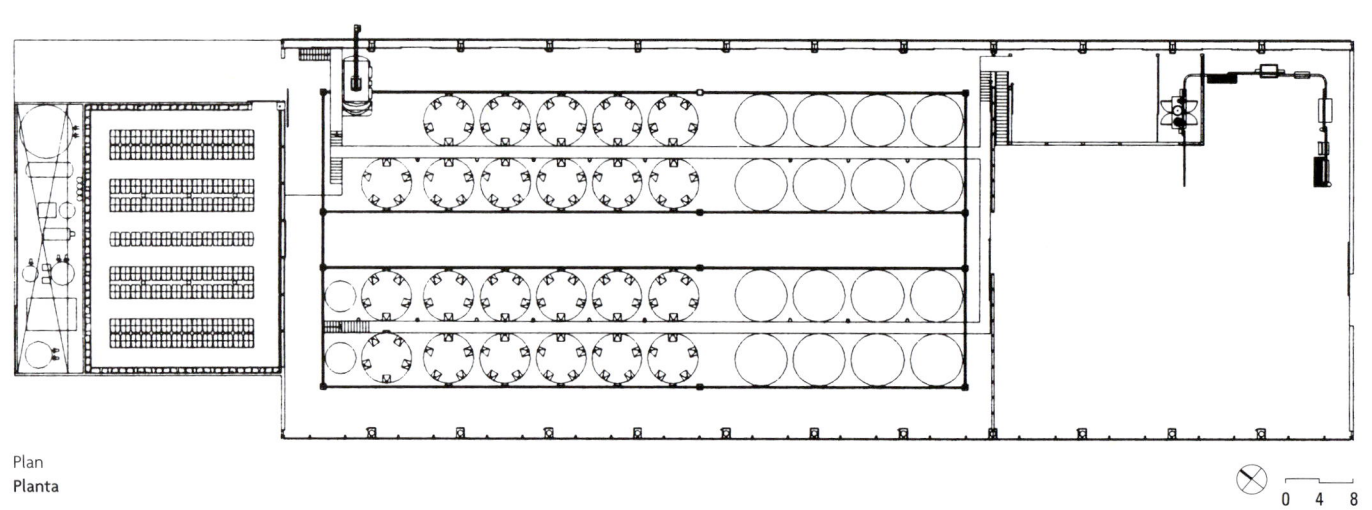

Plan
Planta

Las Niñas

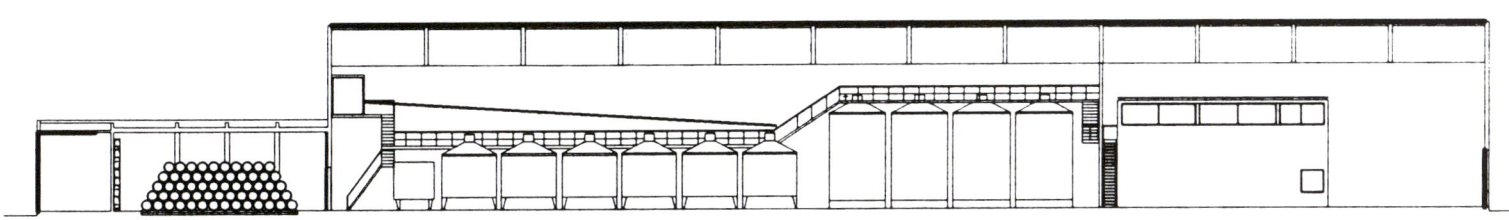

Longitudinal section
Sección longitudinal

Las Niñas

Odfjell Vineyards

Like Badia a Coltibuono in Italy and Château Thuerry in France, Odfjell Vineyards is a prime example of a winery that uses gravity flow by siting the winery building at the top of a slope.

The topographical conditions certainly lend themselves to this solution. The plantings of Cabernet Sauvignon grapes extend from the foot of a wooded hill and face south (in the southern hemisphere the sun is in the northern sky at noon). The eucalyptus trees at the bottom of this hill create a bucolic, amphitheatre-like backdrop for the winery.

For the visitor, the show begins immediately upon arrival via the road below, and continues inside the winery, thanks to the care the architect (who is the vintner's son) has shown in the use of materials. The facades are executed in delicately brushed concrete, the weathered copper roofs are elegantly bowed and the building's glued lath framework is 200 x 1,200 mm in diameter and 24 meters long.

The tour follows the winemaking process through its various steps, from the delivery of the grapes at the highest elevation to the barrel fermentation cellar and the impressive fermentation tank area. Elevated passageways enable visitors to move around the winery without intereefering with its work, while at the same time they can enjoy the lovely aromas produced by the fermentation process.

Visitors also learn that the serenity of the winery is the fruit of titanic labors: 20,000 cubic meters of earth were excavated for the underground structures, which account for 60 percent of the winery's total area.

This is brought home to visitors when they taste the results of the winemaking process during a winetasting session held in a special room at the front of the building, from which the vineyard plantings are visible through large bay windows.

Como Badia a Coltibuono (Italia) y Chateau Thuerry (Francia), Odfjell Vineyards ilustra perfectamente el principio de una bodega de vinificación por gravedad, tal como se obtiene emplazado el edificio en la pendiente de un terreno.

Hay que decir que las condiciones topográficas se prestan a ello: el viñedo, plantado de Cabernet Sauvignon, se extiende al pie de una colina arbolada orientada al sur (en el hemisferio sur el sol del mediodía está en el norte), cuyos primeros árboles, eucaliptos, se elevan detrás de la bodega como decorado bucólico de un anfiteatro.

El espectáculo se inicia con la llegada del visitante por la ruta situada más abajo, y continúa por el interior de la bodega gracias al cuidado que el arquitecto, hijo del viticultor, puso en la elección y el trabajo de los materiales. Las fachadas son de hormigón pulido; los tejados elegantemente curvados, de cobre oxidado, y la estructura de listones pegados, de un diámetro de 200 x 1.200 milímetros de grosor y 24 metros de longitud.

El itinerario de la visita acompaña el proceso de vinificación, desde la entrega en el nivel más alto hasta la bodega de barricas subterránea, pasando por la impresionante cuba de fermentación. Unas pasarelas elevadas permiten al visitante no obstaculizar el trabajo, mientras se deleita con los agradables aromas de la fermentación.

La aparente serenidad del lugar es en realidad el resultado de un trabajo titánico, ya que el 60% de la edificación enterrada se obtuvo por medio de la excavación de 20.000 metros cúbicos de superficie. El visitante lo recordará cuando pruebe el fruto de este trabajo en una zona de degustación que transcurre en un lugar específico de la fachada y en donde se puede contemplar la viña a través de los amplios ventanales.

Architect: Laurence W. Odfjell | Photos: © Juan Purcell | Address: Camino Viejo a Valparaíso n.º 7000. Padre Hurtado, Santiago, Chile | Tel: +56 2 811 1530

Arquitecto: Laurence W. Odfjell | Fotos: © Juan Purcell | Dirección: Camino Viejo a Valparaíso n.º 7000. Padre Hurtado, Santiago, Chile | Tel: +56 2 811 1530

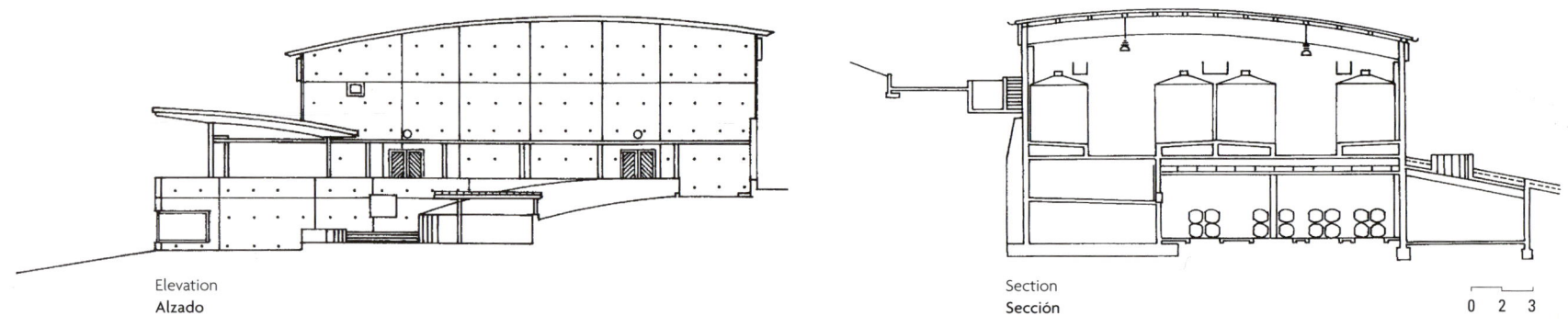

Elevation
Alzado

Section
Sección

0 2 3

Odfjell Vineyards

Odfjell Vineyards

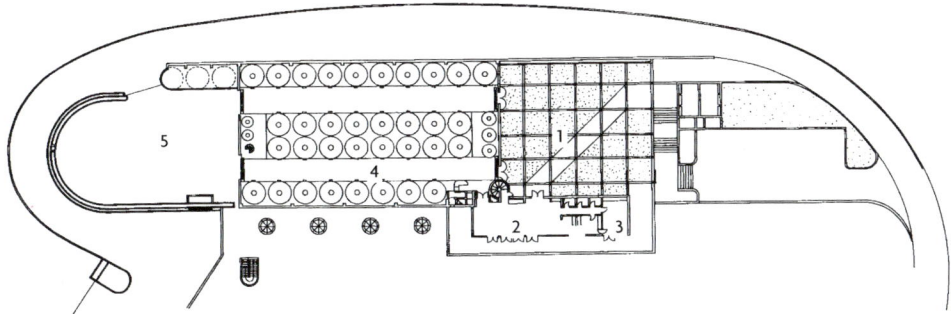

Ground floor
Planta baja

1. Reception patio/**Patio de recepción**
2. Reception /**Recepción**
3. Offices/**Oficinas**
4. Fermentation cellar/**Bodega de fermentación**
5. West patio/**Patio oeste**

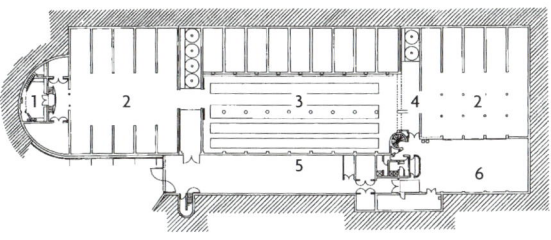

Basement
Sótano

1. Private office/**Oficina privada**
2. Wine cellar/**Bodega**
3. Ageing in wood/**Maduración en madera**
4. Vestibule/**Vestíbulo**
5. Tunnel/**Túnel**
6. Bottling line/**Línea de embotellado**

Odfjell Vineyards

Almaviva

The light-hearted architectonics of this building hark back to the music of Wolfgang Amadeus Mozart, particularly *The Marriage of Figaro* and its lovers, the Count and Countess Almaviva. The direct association with Mozart called forth by the winery's name is echoed by its architecture. For example, the sinuous lines of the roof are reminiscent of a melody whose notes float above the stave – which is in turn evoked by the gray slats on the building's facade.

Martin Hurtado has successfully created a structure whose architecture and ambiance are a happy marriage of Latinness, femininity and buoyancy, all of which are echoed by the winery's provenance: Almaviva is a joint venture that felicitously unites the Bordeaux tradition (Domaine Baron Philippe de Rothschild) with Chilean innovativeness (Concha y Toro).

The building's groundplan attests to the architect's outstanding ability to create a distinctive atmosphere, as well as his deep familiarity with the winemaking process.

The structure's materials, decor and illumination enable the visitor to feel at one with the space, which can readily be visited with a view to full enjoyment of both the aesthetic and winetasting experience.

Al contemplar este edificio de formas ligeras se tiene la sensación de escuchar la música de Wolfgang Amadeus Mozart, en concreto "Almaviva". ¿No es acaso el nombre de los personajes principales (el conde y la condesa Almaviva) de *Las bodas de Fígaro*? La asociación, además de ser explícitamente evocada por el nombre de la hacienda, no esconde su resonancia arquitectónica. De esta forma, las líneas sinuosas de las techumbres y las láminas grises de la fachada recuerdan las notas de una melodía dibujada sobre las líneas de un pentagrama.

Martín Hurtado ha creado una estructura cuya arquitectura es una combinación de latinidad, feminidad y de una alegre atracción que acaba en una unión de amor. Almaviva refleja el resultado de una empresa conjunta entre la tradición bordelesa (Domaine Baron Philippe de Rothschild) y la innovación chilena (Concha y Toro).

La planta del edificio da testimonio de la escenografía distintiva que el arquitecto ha querido otorgar al lugar, asociada al perfecto conocimiento del proceso de vinificación.

Los materiales, el decorado y la iluminación ponen al visitante en armonía con el lugar, que recorrerá estos espacios y finalizará su visita en el momento de la degustación.

Architect: Martín Hurtado | Photos: © Departamento Comunicación Almaviva | Address: Avenida Santa Rosa, 821. Puente Alto, Chile | Tel: +56 2 852 93 00

Arquitecto: Martín Hurtado | Fotos: © Departamento Comunicación Almaviva | Dirección: Avenida Santa Rosa, 821. Puente Alto, Chile | Tel: +56 2 852 93 00

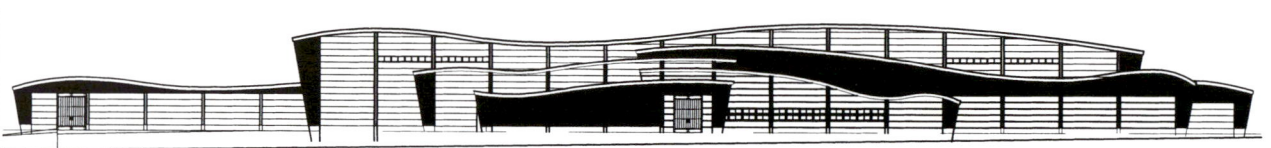

Elevations
Alzados

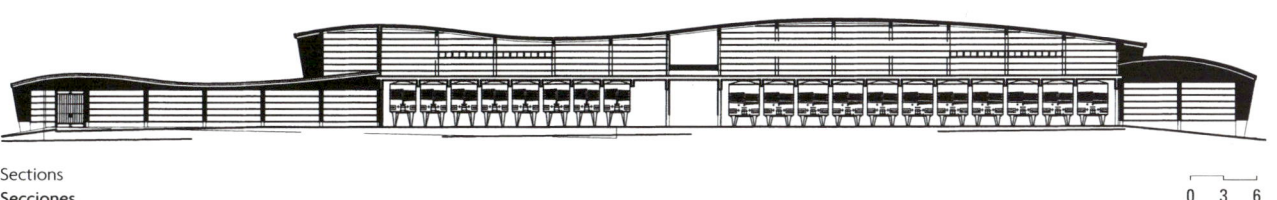

Sections
Secciones

Almaviva

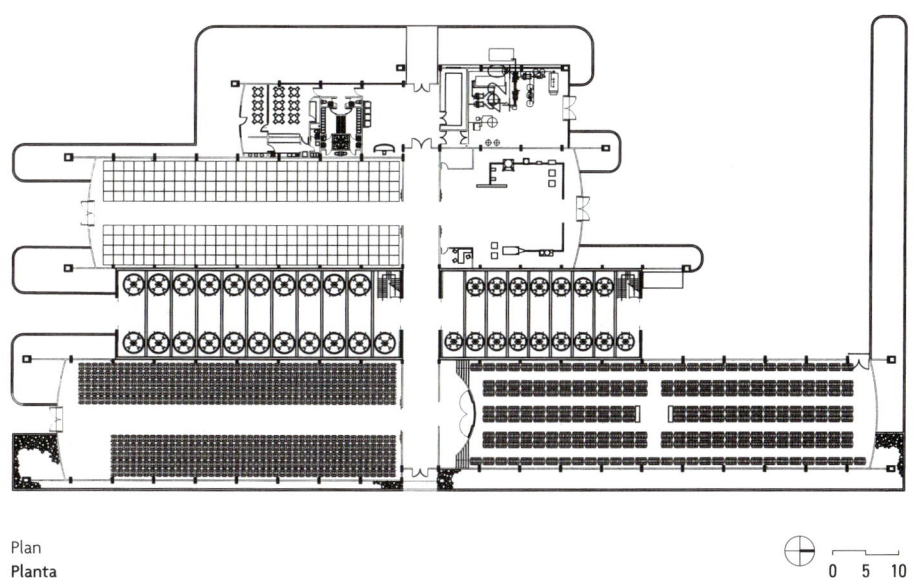

Plan
Planta

0 5 10

Bodega Pérez Cruz

Bodega Pérez Cruz is that rare thing – a winery with buildings made almost entirely of wood – although wood is integral to winegrowing and winemaking, from the stakes that support the vines to the barrels in which the wine is aged. The architect José Cruz Ovalle made abundant use of this material – a wise choice given the fact that, on one hand, wood frame buildings are more earthquake-proof and, on the other, the winery is located in the earthquake prone central Cordillera valley in the Andes.

The groundplan of the building admirably accommodates the winemaking process. Here, as in so many other wineries, gravity flow is employed, with the fermentation vats sited above the barrel aging cellar, thus creating optimal conditions for the maturing wine.

The spaces are spread over three separate buildings under a single roof and linked by a hexagonal corridor 5 meters above ground level. This conjures up the image of a body reclining on its spinal column, with people moving about inside as if they were fulfilling the neurological functions of the spinal cord.

The exterior of the building is noteworthy for its harmonious proportions. Each of the three sections takes up approximately one third of the entire length, and openings that traverse the buildings allow people to see each other, and machines to pass through, as at Dominus Winery and Jackson-Triggs.

The structure is also equipped with an innovative temperature regulation system: jalousies in the roof whose opening and closing is regulated by the outside temperature and the amount of sun.

Bodega Pérez Cruz destaca por estar construida prácticamente en su totalidad de madera, un hecho poco frecuente a pesar de que este material es muy importante en la cultura y la elaboración del vino, desde las estacas que sostienen la vid hasta las barricas. José Cruz Ovalle priorizó este material, una sabia elección puesto que una construcción de entramado resiste bien los movimientos sísmicos, frecuentes en este valle central de la cordillera de los Andes.

La planta del edificio se adapta al proceso de vinificación. Aquí, igual que en otros lugares, se elabora principalmente por el método de gravedad, las cubas se instalan encima de una bodega de barricas situada en el subsuelo para garantizar unas buenas condiciones climáticas para la maduración del vino.

Los espacios están organizados en tres edificios bajo un mismo techo, conectados por un pasillo hexagonal a 5 metros del nivel del suelo. La imagen evoca un cuerpo que yace sobre su columna vertebral, por donde los hombres circulan y completan así la función neurológica de la médula espinal.

Desde el exterior, sorprenden las proporciones armónicas del edificio. Cada una de las tres partes ocupa cerca de un tercio de la longitud total de la construcción, y las aberturas transversales permiten que accedan las máquinas y las miradas de los visitantes, como sucede en las bodegas Dominus Winery o Jackson-Triggs.

La estructura está equipada de un original sistema de regulación térmica: un tipo de celosías dispuestas en el tejado y cuya apertura y cierre se regula en función de la temperatura exterior.

Architect: José Cruz Ovalle I Photos: © Juan Purcell I Address: Fundo Liguai de Huelquén, Maipo Alto, Chile I Tel: +56 2 8242405 - +56 2 6323771

Arquitecto: José Cruz Ovalle I Fotos: © Juan Purcell I Dirección: Fundo Liguai de Huelquén, Maipo Alto, Chile I Tel: +56 2 8242405 - +56 2 6323771

The grandeur of the construction system is the most singular element of the exterior, giving it an appearance that is unmatched in the area.

La espectacularidad del sistema constructivo es el elemento más singular del exterior y el que le da una apariencia única en toda la zona.

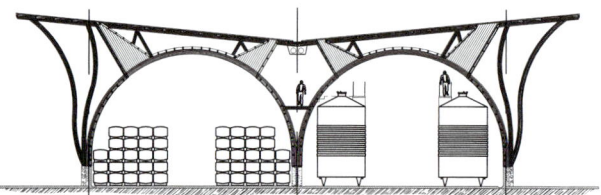

Detail
Detalle

Bodega Pérez Cruz

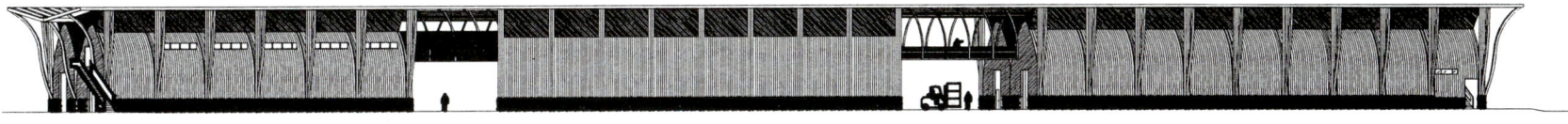

Elevation
Alzado

Bodega Pérez Cruz

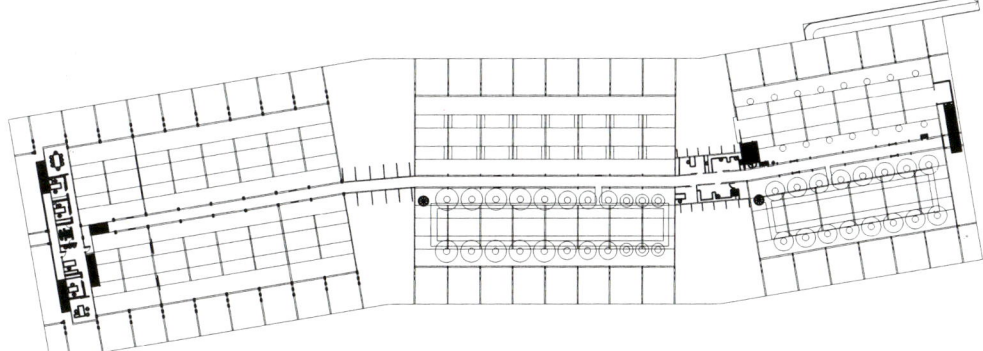

Plan
Planta

Bodega Pérez Cruz

Viña Gracia

Germán del Sol has an ability, rare among members of his profession, to verbalize his projects in poetic terms. Thus, his description of Viña Gracia evokes poetry as an experience that can "make an interior stripped of all creation a complex mesh of suggestions, rather than a void." This holds true for the photos of the winery and even more so for the winery itself, whose elements combine to create a subtle exaltation, thanks to the stark contrast between the structure's technical rawness and the harmony of the architectonic volumes, the colors and the light.

And yet, all you see are simple geometric forms executed in wood and metal. The evocativeness stems from their arresting freshness and the explosion of ceaselessly evolving light that they engender.

Like a number of his fellow architects, Germán del Sol designs buildings that take into consideration the well-being of the people who work in the structure. His buildings are based, he has said, on "a poetical reunion of new production technologies, the generous fruit of nature and the igenious – almost artistic – work of men and women."

The exterior of the winery is in the same vein, with its curvaceous roof prolonged by an asymmetrical cube that arouses the curiosity of visitors, who, upon entering the winery through an unobtrusive sliding door, discover on their left a startling "box within a box" in eye-popping colors with a staircase built into it. After admiring the comfortably appointed interiors and the lovely views of the vast area around the winery, the visitor proceeds down a corridor past the two barrel-aging areas. In keeping with his suggestive approach, Del Sol has created two additional panoramas in these areas by making asymmetric openings in the thick wooden walls.

Como pocos compañeros de su profesión, el arquitecto chileno Germán del Sol sabe hablar de su iniciativa en términos poéticos. Por eso, en su descripción de Viña Gracia evoca la poesía como experiencia, susceptible de "hacer del interior desprovisto de creación una complejidad de sugerencias en lugar de vacío". No se podría describir mejor mirando las imágenes de este proyecto, y aún menos recorriendo la bodega. Todo contribuye a un sutil hechizo, gracias al contraste vivo entre el desnudo técnico y la armonía de los volúmenes, los colores y la luz.

Sin embargo, no hay más que formas geométricas sencillas aplicadas a los materiales elementales: la madera y el metal. Las sugerencias provienen de su disposición inesperada y de la exposición a una iluminación que evoluciona constantemente.

Germán del Sol piensa, como numerosos arquitectos, en el bienestar de aquellas y de aquellos que trabajan en el espacio. Según él, en los cimientos de su edificio hay "una conjunción poética de nuevas tecnologías de producción, el generoso fruto de la naturaleza y el ingenioso trabajo –casi artístico– de hombres y mujeres".

El exterior de la bodega sigue la misma línea, con la redondez voluptuosa del tejado que se prolonga hasta la zona este y finaliza en un cubo de diseño asimétrico que despierta la curiosidad del visitante. Este accederá a la bodega a través de una discreta puerta corredera y se sorprenderá al encontrar a su izquierda una "caja dentro de otra caja" de llamativos colores con una escalera construida en el interior. Tras haber apreciado la comodidad de los interiores y las perspectivas planificadas en el gran espacio, dejará el lugar pasando por un pasillo que separa las dos bodegas de barricas. El arquitecto, conforme a su credo, dispuso también allí otros puntos de vista y proyectó aberturas asimétricas en las gruesas paredes de madera.

Architect: Germán del Sol | Photos: © Guy St Claire | Address: Carretera a Totihue s/n. Valle de Rapel, Chile | Tel: +56 2 206 78 68

Arquitecto: Germán del Sol | Fotos: © Guy St Claire | Dirección: Carrera a Totihue s/n. Valle de Rapel, Chile | Tel: +56 2 206 78 68

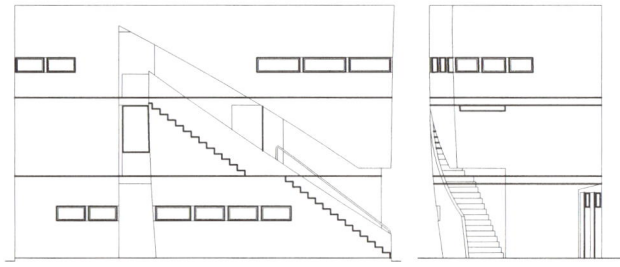

Elevations
Alzados

0 1 2

Viña Gracia

Viña Gracia

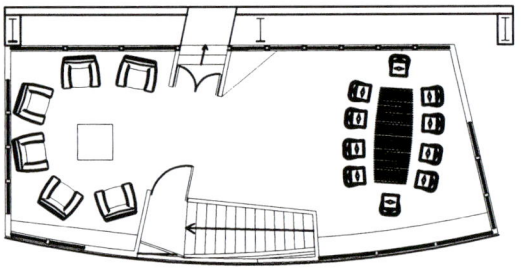

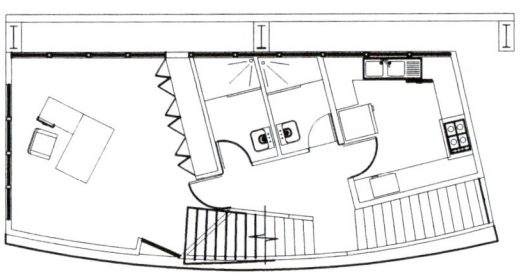

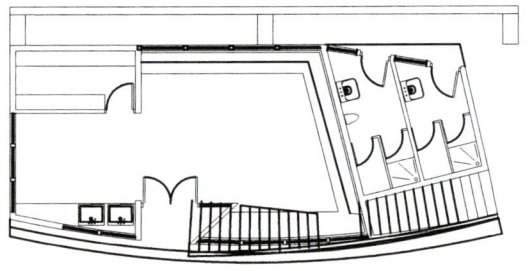

Offices' volume floorplans
Plantas del volumen de oficinas

Viña Gracia

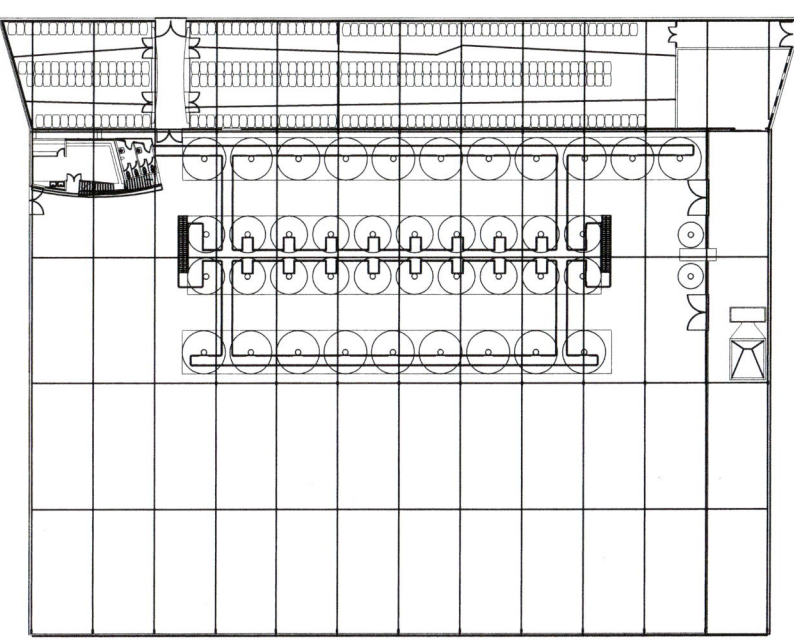

Plan
Planta

Viña Gracia

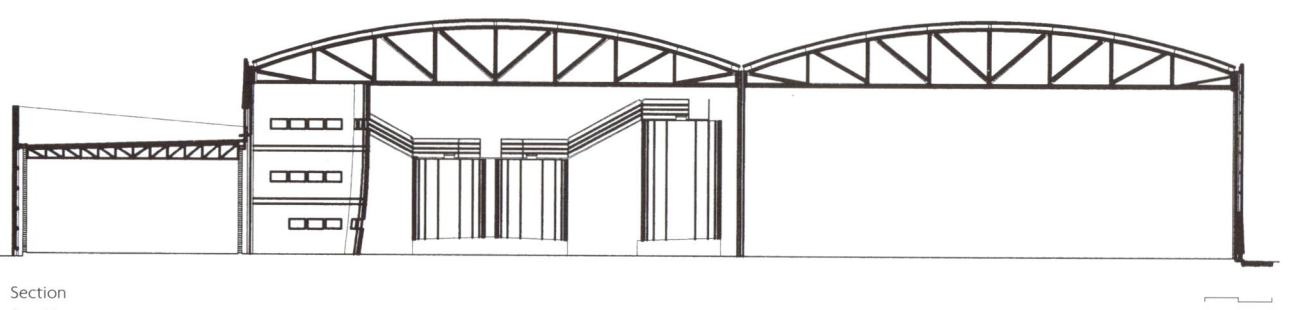

Section
Sección

0 1 2

Viña Gracia

174

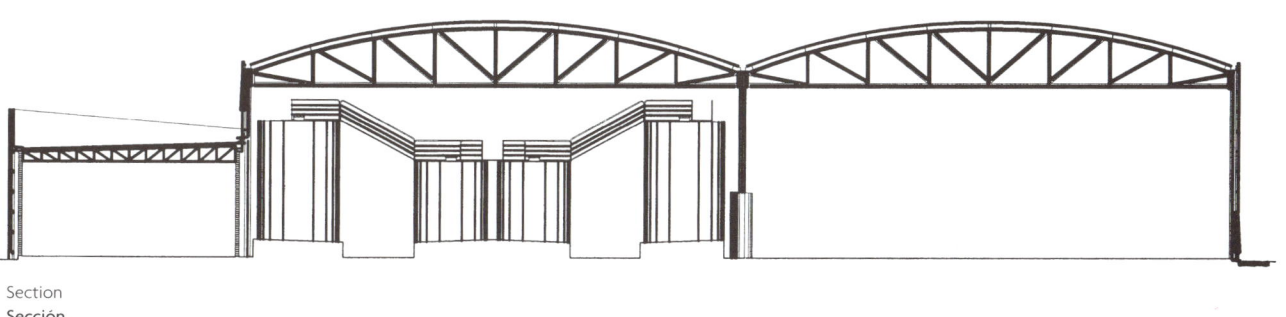

Section
Sección

Viña Gracia

Vergelegen

Strikingly perched on a gently rounded hilltop with a lake down below, Vergelegen can be seen from afar amidst Hottentots Holland mountains with the sea at False Bay in the far distance.

Vergelegen has been renowned for the beauty of its natural setting since it was founded as a winery in the eighteenth century—a venerable history that is reflected by a Cape Dutch homestead before which stand five centenary camphor trees.

When Anglo American Farms Ltd. purchased the winery in 1987, they decided to replant all the vines and build new winemaking facilities. They hired the architects Patrick Dillon and Jean de Gastines who had recently completed a spectacular tank fermentation facility at Pichon-Longueville. As for de Gastines, he assisted Ricardo Bofill in designing the new barrel-aging facility at the Lafite-Rothschild winery.

Vergelegen has much the same feel as these wineries – a blend of aesthetic audacity with the requisite respect for the spirit of the site, and, like Pichon-Longueville and Lafite-Rothschild, it has cylindrical tank and barrel fermentation areas. But the Vergelegen architects have in a sense learned some lessons from these other two sites in that they decided to dispose the various winemaking processes vertically.

Thus, the grapes are delivered at the top level and then pass through the various stages of vinification like water descending a basin fountain. The barrel-aging cellar is at the bottommost underground level, thus allowing for favorable ambient conditions thanks to the optimal thermal insulation provided by the surrounding earth.

Vergelegen está emplazado en un entorno natural. Levantado en lo alto de una colina redondeada, al pie de la cual se encuentra un lago, el nuevo edificio es visible desde la lejanía en un marco incomparable de belleza: la cadena de montañas Hottentots Holland y el mar en la ciudad de False Bay en la distancia.

Anteriormente, Vergelegen era ya conocido por sus recursos. Los orígenes de la propiedad se remontan al siglo XVIII, y esta larga historia se refleja en una casa solariega al estilo holandés colonial del Cabo (Cape Dutch), flanqueada por cinco majestuosos alcanforeros centenarios.

Cuando en 1987 el grupo Anglo American Farms Ltd. compra el viñedo, decide replantar toda la superficie de vides y construir nuevas instalaciones. Contrata a Patrick Dillon y Jean de Gastines quienes acababan de finalizar la construcción de un espectacular tanque en Pichon-Longueville. En cuanto a De Gastines, fue además el arquitecto asociado con Ricardo Bofill en el diseño de una nueva bodega de barricas en Lafite-Rothschild.

En Vergelegen se siente la audacia formal de estos viñedos; por un lado, el necesario respeto por el espíritu del lugar, y por otro, como en Pichon-Longueville y Lafite-Rothschild, la disposición circular de la bodega, en la que puede albergar las cubas y las barricas. Pero en Vergelegen, los arquitectos, que habían aprendido de los dos emplazamientos franceses, decidieron que las funciones del proceso estarían superpuestas.

De este modo, la uva se entrega en el nivel superior y posteriormente recorre todas las etapas de la vinificación, como discurre el agua de una fuente. La bodega de barricas, al encontrarse en el nivel más bajo del subsuelo, se beneficia de unas excelentes condiciones climáticas gracias al óptimo aislamiento térmico que le proporciona la tierra circundante.

Architects: Patrick Dillon and Jean de Gastines | Photos: © Craig Fraser | Address: Lourensford Road, Somerset West, South Africa | Tel: +27 21 847 13 34

Arquitectos: Patrick Dillon y Jean de Gastines | Fotos: © Craig Fraser | Dirección: Lourensford Road, Somerset West, Sudáfrica | Tel: +27 21 847 13 34

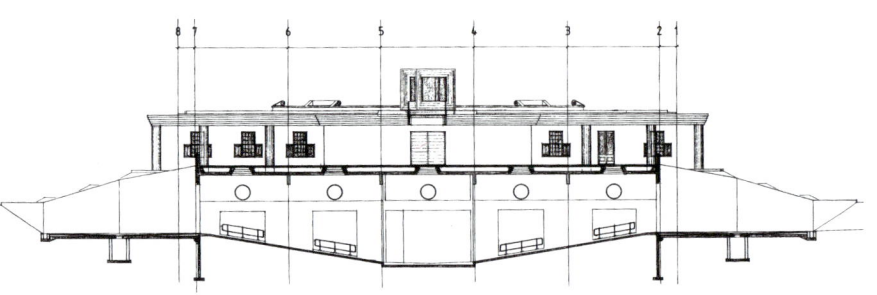
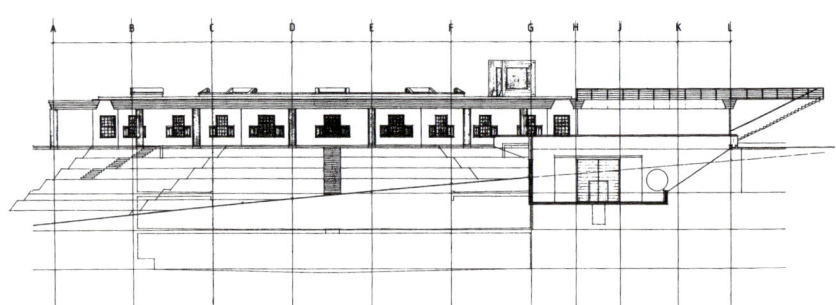
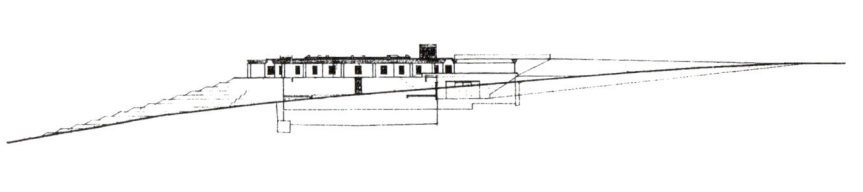
Section
Sección
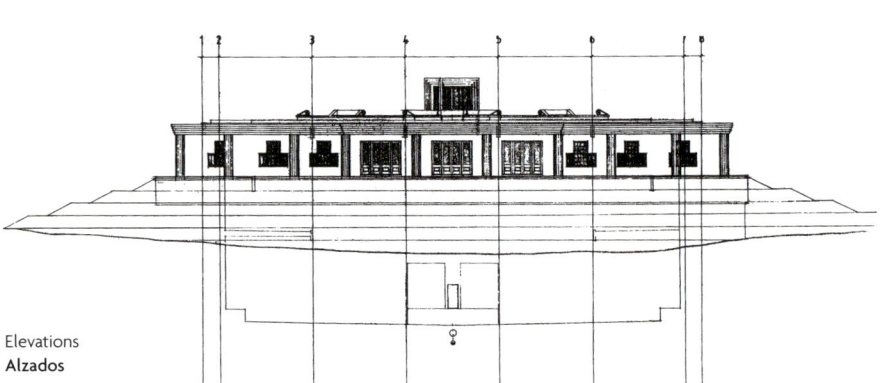
Elevations
Alzados

Vergelegen

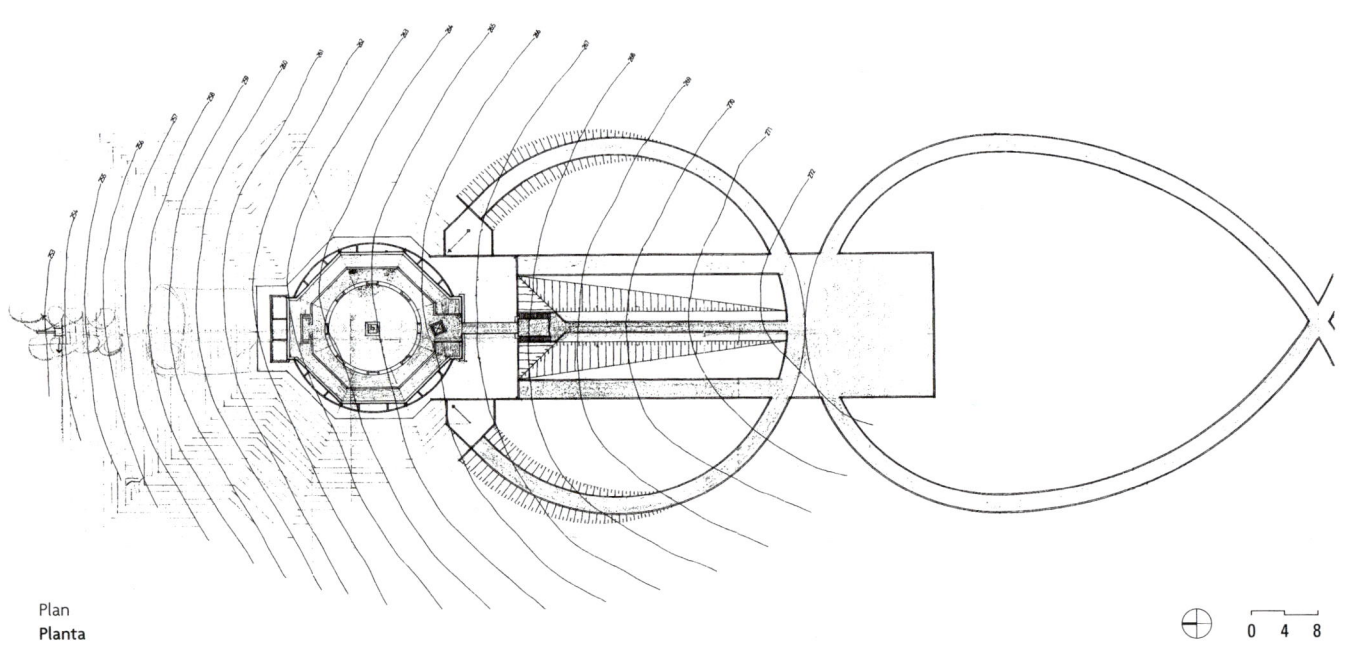

Plan
Planta

Vergelegen

Vergelegen

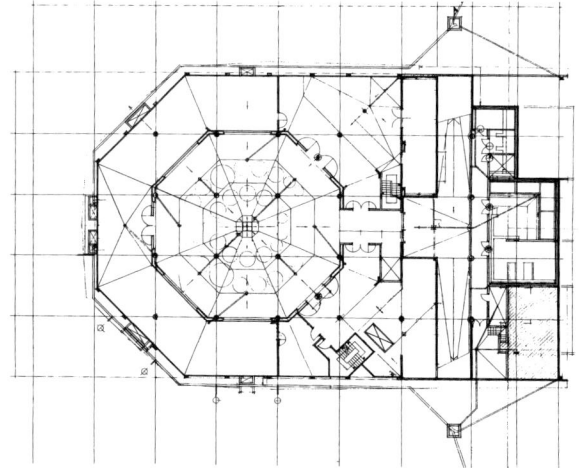
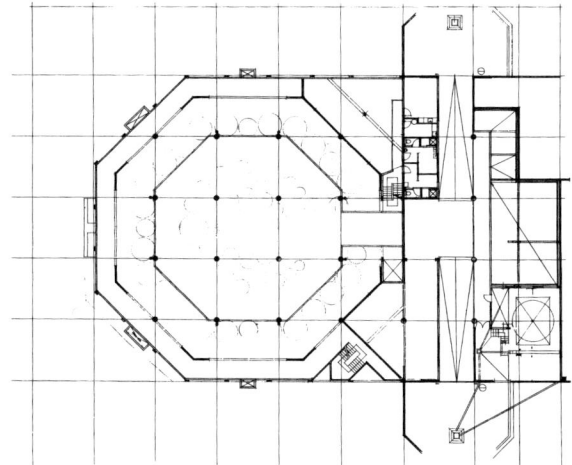
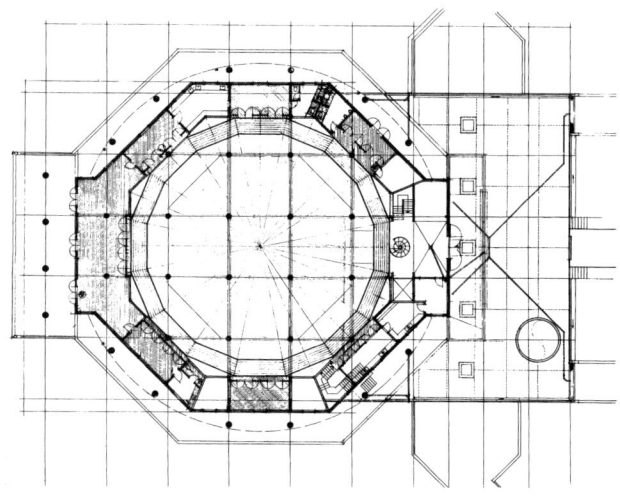
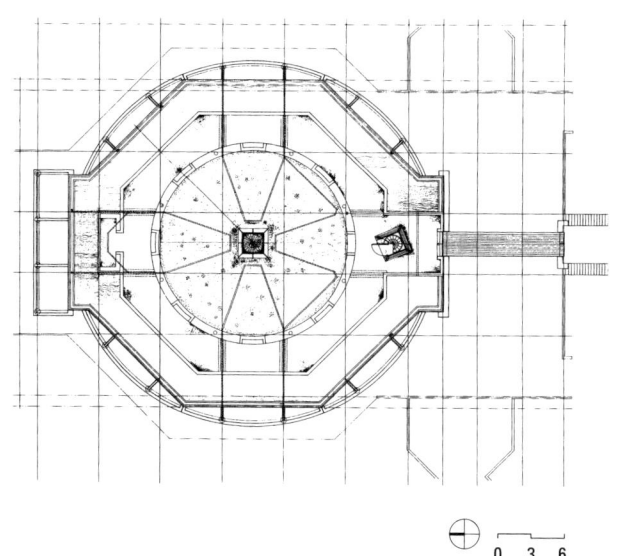

Winery floorplans
Plantas de las bodegas

Vergelegen

Shadowfax Winery

Shadowfax Winery, which was created from scratch and opened in 1999, is part of an investment consortium known as the Mansion Group. Though resolutely contemporary looking, this winery blends harmoniously into the lovely surroundings of Werribee Park. Shadowfax was designed to make a broad range of wines, including Shadowfax Riesling, Sauvignon Blanc, Chardonnay, Pinot Gris, Pinot Noir and of course Shiraz.

This diverse product line is part of a marketing strategy. The winery was named after Shadowfax, the chief among horses in J.R.R. Tolkien's *Lord of the rings*, with a view to establishing a unique brand that is easily identifiable for wine tourists and consumers alike.

In the interest of appealing to visitors, the architects predominantly used warm earth tones, as well as colors that evoke the sun, grapevines and wine. Visitors' curiosity is piqued by the building's geometric forms as well as several interior design elements, most notably the Chinese-puzzle-like drawing on the wall behind the wine tasting counter. There is also a large orange metal tube with a spiral staircase leading to the underground barrel cellar; this is visible through the round, glass tiles of varying sizes that are set in the floor of the sales area. The fermentation area is located off the lobby and is separated from it by production facilities and lifting platforms from which the winecellar is accessible.

The winery isn't the only attraction on this site. Werribee Park, which is about 30 km from downtown Melbourne, is home to the 4.5 star Mansion Hotel (which features, among other things, a gourmet restaurant and spa center), a theatre, rose garden, zoo, equestrian center, polo facilities, tennis and golf.

Shadowfax Winery, una hacienda creada desde la nada y abierta en 1999, forma parte de un grupo de inversores conocido como Mansion Group. La bodega, con un aspecto contemporáneo, se adapta perfectamente al paisaje vitícola del parque Werribee, en Victoria. Este complejo fue concebido para fabricar ingentes cantidades de vinos variados, como el Shadowfax Riesling, el Sauvignon Blanco, el Chardonnay, el Pinot Gris, el Pinot Negro y, por supuesto, el Shiraz.

Esta diversidad de productos forma parte de una estrategia de marketing: Shadowfax ("Sombra gris"), nombre del caballo protagonista del *Señor de los Anillos* de J.R.R. Tolkien, estaba destinado a convertirse en una marca reconocible y buscada tanto por el comprador anónimo como por el enoturista.

Para seducir a los visitantes, los arquitectos han considerado prioritarios los colores cálidos de la tierra, del sol, de las vides y del vino, y para despertar su curiosidad se utilizaron en el edificio diversas formas geométricas y varios elementos en el acondicionamiento del interior, como el diseño de la pared del fondo de la barra de degustación, que recuerda a un tangram, un rompecabezas de origen chino. Además, allí se encuentra el voluminoso tubo metálico de color naranja donde se ha instalado la escalera de caracol que conduce a la bodega subterránea de barricas. Además, esta puede apreciarse a través de las baldosas circulares de cristal de diferentes diámetros insertadas en el suelo del espacio de venta. Finalmente, el área del proceso de fermentación se sitúa en la prolongación del vestíbulo, separada de este por estancias técnicas y montacargas que aseguran la conexión con la bodega subterránea de barricas.

Sin embargo, la bodega no es el único centro de atracción del lugar. Situado a 30 kilómetros del centro de la ciudad de Melbourne, el parque Werribee incluye además el hotel Mansión, de cuatro y cinco estrellas (con restaurante de lujo y un centro de balneoterapia), un teatro, un jardín de rosas, un zoológico y todo lo necesario para practicar la equitación, el polo, el tenis y el golf.

Architects: Roger Wood and Randal Marsh | Photos: © Tim Griffith | Address: Werribee Park, K Road. Werribee, Victoria, Australia | Tel: +61 3 97 31 44 20

Arquitectos: Roger Wood y Randal Marsh | Fotos: © Tim Griffith | Dirección: Werribee Park, K Road. Werribee, Victoria, Australia | Tel: +61 3 97 31 44 20

Shadowfax Winery

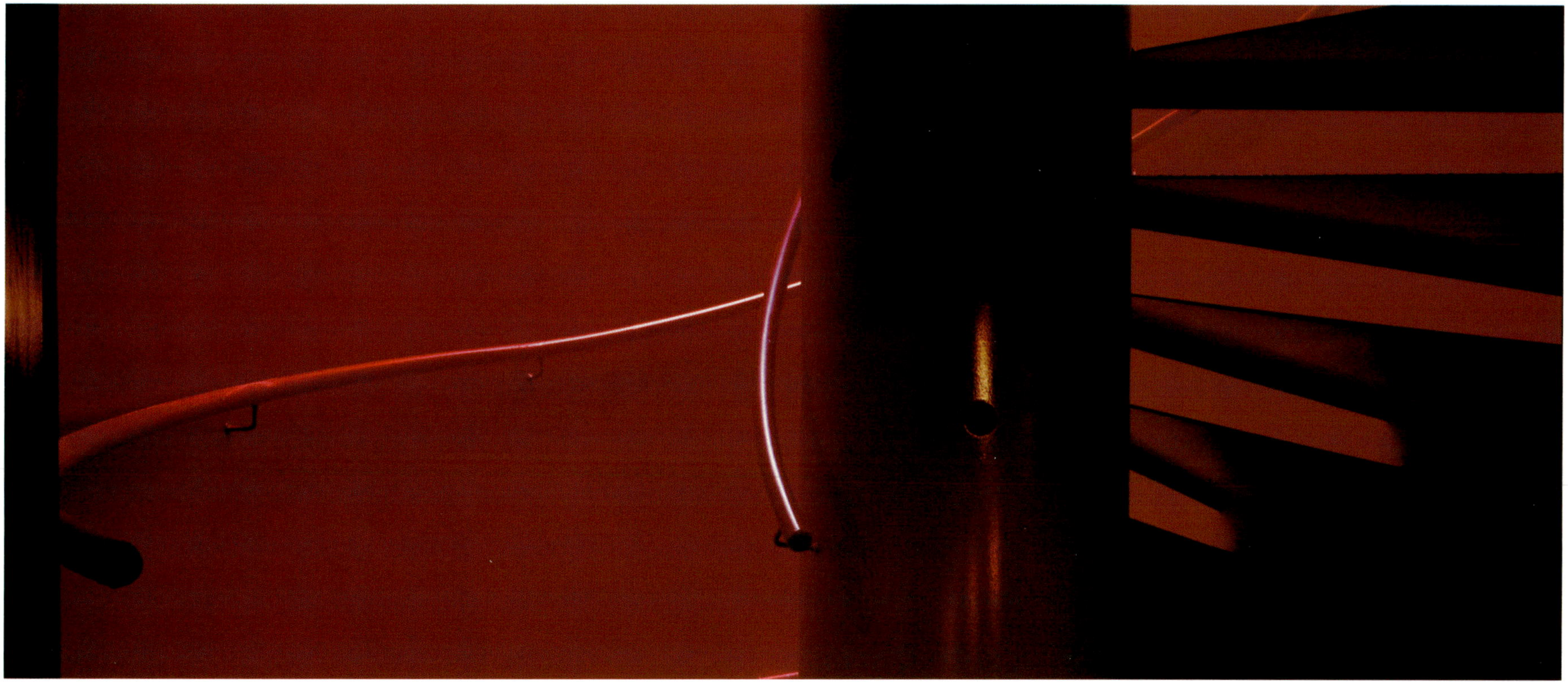

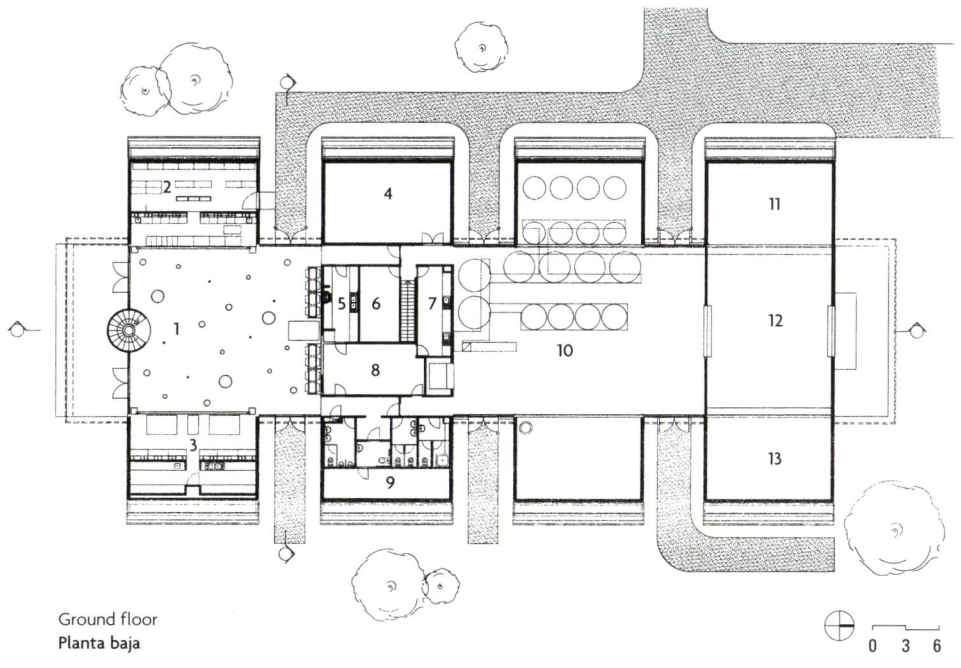

Ground floor
Planta baja

1. Foyer/**Vestíbulo**
2. Sales/**Ventas**
3. Tasting Room/**Sala de degustación**
4. Store/**Tienda**
5. Kitchen/**Cocina**
6. Office/**Oficina**
7. Laboratory/**Laboratorio**
8. Tasting Room/**Sala de degustación**
9. Store/**Tienda**
10. Production/**Producción**
11. Store/**Tienda**
12. Packaged Goods/**Productos envasados**
13. Store/**Tienda**

Shadowfax Winery

The emphasis on color is one of the building's main characteristics, present in both the work and public areas.

La utilización del color es una de las características del edificio y es presente en todas las áreas, ya sean zonas de trabajo o de acceso público.

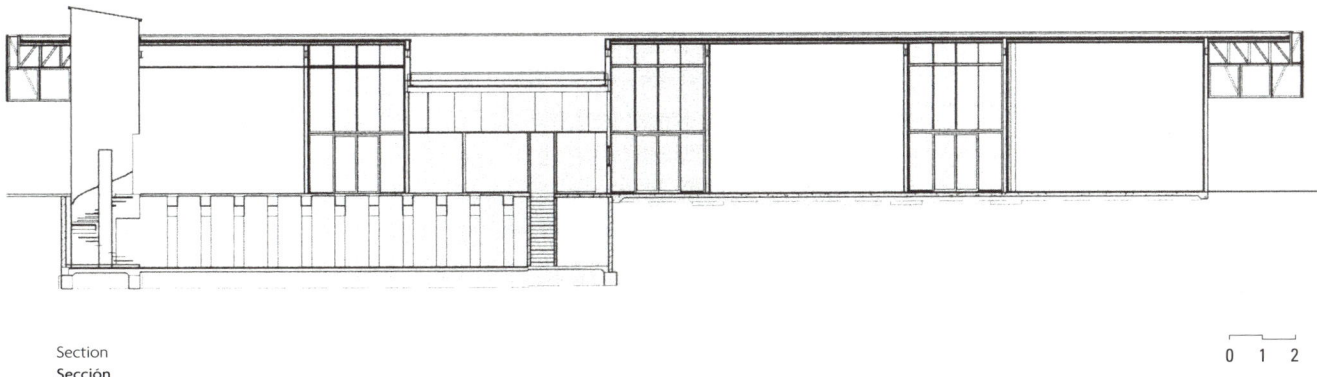

Section
Sección

0　1　2

Palandri Winery

Sited in the rural Margaret River plain adjacent to the heavily trafficked Bussel Highway, Palandri Winery has an eye-catching facade that clearly conveys the message, "At this establishment, wine is a lifestyle." The prominent roof of the hospitality area provides shelter and shade while the structure's lively colors express a playful and convivial frame of mind, and the metal exposed beams appear to be saying. "Let's forget the past. We're in modern times now and are looking toward the future. Let's forget about traditions which in any case have little hold on us, since Western Australia is such a young region."

Upon entering the building, the visitor can go in three different directions each of which leads to a specially designed space: the winetasting and cellar door sales area (where video games have even been provided for children) on the street side, the restaurant to the left or, toward the rear, the winery proper with its presses, pipes, tanks, barrels and bottling facility.

Different types of materials and surfaces have been used in each of these spaces: cheery and smooth in front, warm and convivial in the restaurant, and technical and functional in the winery itself – the latter somewhat unusual in that only part of it is under a roof. Both the winemaking equipment itself and the manner in which it is displayed make a clear statement: there's no mystique about today's vinification processes, which are in fact all about expertise – and we feel it's important for our visitors to know this.

Situado junto a la frecuentemente transitada Bussel Highway, la fachada de Palandri Winery está situada a lo largo de la campestre llanura del río Margaret, que atrae la mirada del paseante y le sugiere que el vino en este establecimiento es una forma de vida. El tejado prominente del espacio de recepción ofrece la elección entre el refugio o la sombra, los colores vivos dicen mucho sobre el talante lúdico y relajado del lugar, y las vigas metálicas vistas dan la impresión de querer borrar el tiempo. Nosotros vivimos en una época moderna y miramos hacia el futuro, en vez de aferrarnos al pasado, puesto que el oeste australiano es una región joven.

Una vez se accede al edificio, el visitante puede ir en tres direcciones y cada una se dirige a un espacio particular: el área de compra y de degustación, donde incluso a los niños se les ofrecen videojuegos, está situado en el lado de la carretera; el restaurante se encuentra a la izquierda, y en la parte posterior se halla una fábrica de vino, con prensas, conductos, cubas, barricas y cadenas de embotellado.

Se han utilizado para cada espacio diferentes materiales y superficies: en la parte posterior de la escena, alegres y lisos; en el restaurante, cálidos y relajados, y en la bodega, técnicos y funcionales. Esta última tiene, entre otras, la particularidad de estar cubierta por una sola zona. Se trata nada menos que de los medios puestos para controlar el proceso de vinificación, así como de su exposición a la mirada de los visitantes: la elaboración del vino en la actualidad ya no encierra ningún misterio, pero requiere un saber hacer; lo importante es que los visitantes lo sepan.

Architects: Donaldson & Warn | Photos: © Martin Farquarson | Address: Corner of Boundary Road & Bussell Highway. Cowaramup, Western Australia, Australia | Tel: +61 8 97 55 57 11

Arquitectos: Donaldson & Warn | Fotos: © Martin Farquarson | Dirección: Corner of Boundary Road & Bussell Highway. Cowaramup, Western Australia, Australia | Tel: +61 8 97 55 57 11

The industrial aesthetic, usually rejected within the wine-making environment, is intentionally implemented in different parts of the building.

La estética industrial, normalmente rechazada en el entorno vinícola, es utilizada en diferentes partes del edificio de una forma plenamente consciente.

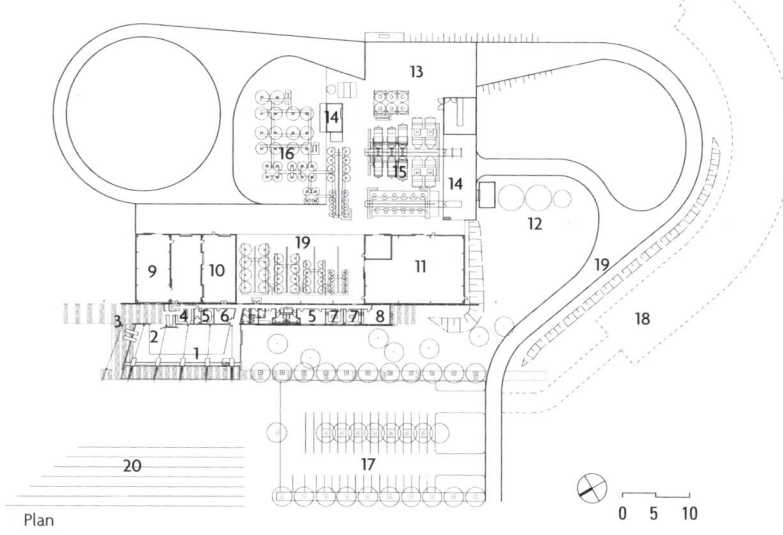

Plan
Planta

1. Tasting and Tellar sales/Salas de degustación y ventas
2. Café-Restaurant/Café-restaurante
3. Café-Terrace/Café-terraza
4. Kitchen/Cocina
5. Office/Oficina
6. Meeting room/Sala de reuniones
7. Laboratory/Laboratorio
8. Staff/Plantilla
9. Bulk store/Tienda al por mayor
10. Bottling area/Área de embotellado
11. Barrel room/Sala de barricas
12. Water tanks/Tanques de agua
13. Fruit receival area/Área de recepción de la fruta
14. Waste area/Área de residuos
15. Fermenter area/Área de fermentación
16. Tank farm/Tanque de fermentación
17. Visitor parking/Aparcamiento para las visitas
18. Overflow parking/Aparcamiento
19. Service road/Acceso de servicios
20. Vines/Viña

Palandri Winery

Palandri Winery

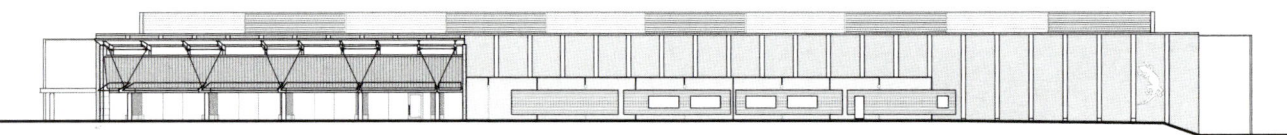

Front elevation
Alzado frontal

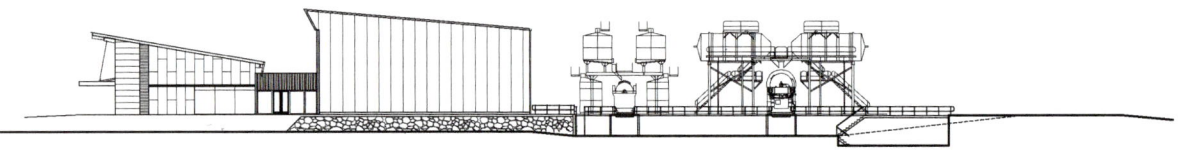

Side elevation
Alzado lateral

0 4 8

Trinity Hill

Having designed wineries in California's Napa valley, Richard Priest accepted a commission from Trinity Hill's owner that consisted in designing a utilitarian agricultural building with simple geometric forms that would nonetheless have a strong presence. The building is set in a narrow valley that opens onto the extensive Gimblett Road Plain. The structure also fulfills its functional and aesthetic requirements in that it appears to be anchored in the valley like a cork in a wine bottle, while at the same it is resolutely oriented away from the valley on the east side.

This effect is underscored by the roof that projects dramatically over an unembellished polished cement wall. Several large rock blocks at the base of the wall evoke a dam, i.e. the force brought to bear here and how difficult it is to contain it.

The "L" shaped ground plan (to which a "lodge" is to be added in the south wing, abutting the hill) allows for two-directional movement through the building, with deliveries being made at the rear, while visitors enter through the barrel room (a rare practice in New Zealand). A staircase allows for access to the second floor from which there is a magnificent view of the valley with its blanket of vineyards.

El arquitecto Richard Priest, tras haber diseñado las bodegas en el valle de Napa, en California, aceptó el encargo del propietario de Trinity Hill de erigir un edificio agrícola de sencillas líneas geométricas que no produjera un fuerte impacto en el entorno. El edificio está emplazado al final de un estrecho valle que desemboca en la gran llanura del Gimblett Road. La estructura cumple con los requisitos de funcionalidad y de estética, y parece hundirse en el valle como un corcho en el cuello de una botella, que se orienta a su vez hacia el lado este.

El efecto se acentúa aún más por el tejado que se proyecta dramáticamente por encima de un muro de hormigón pulido de diseño sencillo. Varios bloques grandes de roca dispuestos al pie del muro recuerdan la creación de una presa: por la fuerza concentrada que hay aquí y la dificultad para contenerla.

La planta en forma de L (a la espera de un añadido en el ala sur, de un "lodge" junto a la colina) permite una doble circulación, las entregas se efectúan en la parte posterior, mientras que los visitantes acceden directamente por la bodega de barricas (poco usual en Nueva Zelanda). Una escalera comunica con el primer piso, donde se puede contemplar unas magníficas vistas del valle cubierto de viñas.

Architects: Richard Priest Architects | Photos: © Alan McFetridge | Address: 2396 State Highway 50. Hastings, New Zealand | Tel: +64 68 79 77 78

Arquitectos: Richard Priest Architects | Fotos: © Alan McFetridge | Dirección: 2396 State Highway 50. Hastings, Nueva Zelanda | Tel: +64 68 79 77 78

Trinity Hill

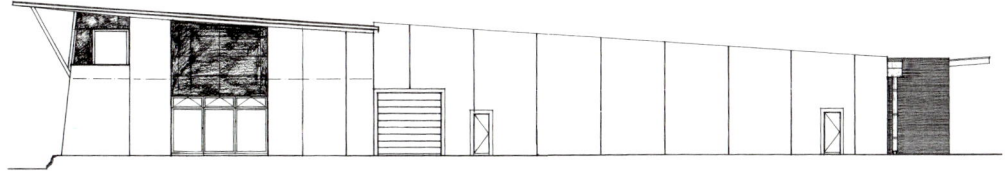

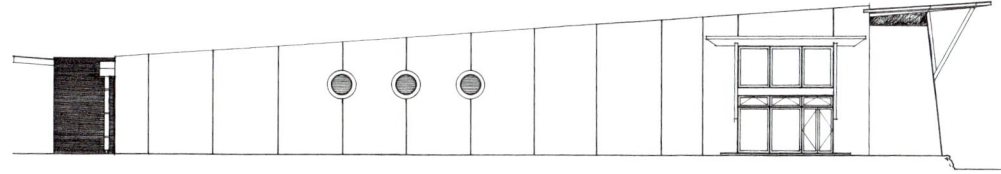

Elevations
Alzados

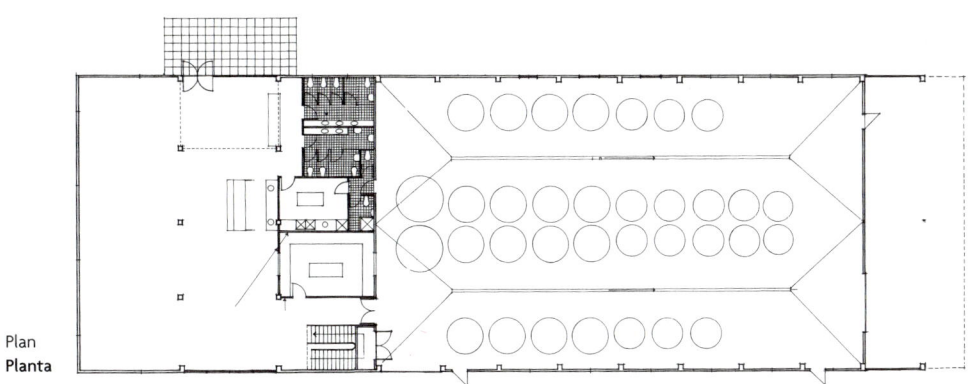

Plan
Planta

Trinity Hill

Trinity Hill

Craggy Range

Craggy Range is a prime example of a winery created from scratch for the production and marketing of quality wines. Thus, all its functional and visual components contribute to the creation of optimal conditons for vinification while at the same appealing to, and meeting the needs of, a clientele that appreciates good wine and beautiful architecture.

First a site was selected (the Martinborough region rather than Marlborough), followed by the plots of land and varieties of grapes (white Sauvignon Blanc of course, but also as a challenge Pinot Noir, as well as Chardonnay and Merlot). The buildings were constructed on flat land between the Tuki Tuki River (known for its excellent trout) and the majestic Te Mata Peak in the Craggy Range.

Architect John Blair has successfully designed a cluster of buildings that reflects all of these objectives. Rather than grouping all the functions into a single structure, he decided to break up the buildings into components by function and in this way harmonize the architecture with the setting rather than compete with it.

The central structure has a square roof that shelters a circular red-wine fermentation area that is circular in plan and from which the wine flows into barrels in a cellar that is modeled on the vaulted cellar at Château Meursault in Burgundy. The Chardonnay fermentation cellar is on the west side, while on the north side there is a building with a large portico whose ground floor accommodates the visitor center.

The winery also has a "rustic rural French" restaurant whose circular form echoes that of the fermentation cellar. This gives visitors the opportunity to sample Craggy Range's wines with food. The terrace faces north and looks out over a beautifully landscaped lake.

Craggy Range es el primer ejemplo creado completamente para la producción y comercialización de vinos de gran calidad. Por ello, todos los elementos funcionales y representativos contribuyen, por un lado, a asegurar las condiciones óptimas para la vinificación, y por otro, a atraer y satisfacer a un público que aprecie el buen vino y la belleza de la arquitectura.

La operación comienza por la elección del emplazamiento (Martinborough preferiblemente a Marlborough); posteriormente, se eligen las parcelas y las variedades (Sauvignon Blanco, evidentemente; pero también Pinot Negro, a modo de desafío, así como Chardonnay y Merlot) y, finalmente, se construyen los edificios entre la margen de un río conocido por sus excelentes truchas, el Tuki Tuki River (al este), y la imponente montaña Te Mata Peak (al oeste).

El arquitecto John Blair diseñó satisfactoriamente un edificio que reunía todos estos objetivos. Para evitar concentrar todas las funciones en un solo volumen, optó por una solución expansiva, es decir, un conjunto de módulos que armonizan con el entorno donde se emplaza.

El cubo central alberga, bajo un tejado cuadrado, una tina redonda para la vinificación del vino tinto, desde donde el líquido se escurre hasta las barricas situadas en la bodega subterránea, cuyo modelo se encuentra en el castillo Meursault, en Borgoña. En el oeste, la bodega en Chardonnay completa el proceso de vinificación, mientras que en el norte un edificio alberga el espacio de venta en la planta baja, donde el visitante accede pasando por debajo de un pórtico.

Los visitantes si lo desean, pueden degustar el vino con productos culinarios en el restaurante de estilo rústico rural francés, cuya forma circular representa la de una tina; asimismo, alberga una terraza que se orienta hacia el norte, cuyas vistas a un lago completan un marco imcomparable.

Architect: John Blair | Photos: © Paul McCredie, Trends Publishing International | Address: 253 Waimarama Road. Havelock North, Hawkes Bay, New Zealand | Tel: +64 6 873 71 26

Arquitecto: John Blair | Fotos: © Paul McCredie, Trends Publishing International | Dirección: 253 Waimarama Road. Havelock North, Hawkes Bay, Nueva Zelanda | Tel: +64 6 873 71 26

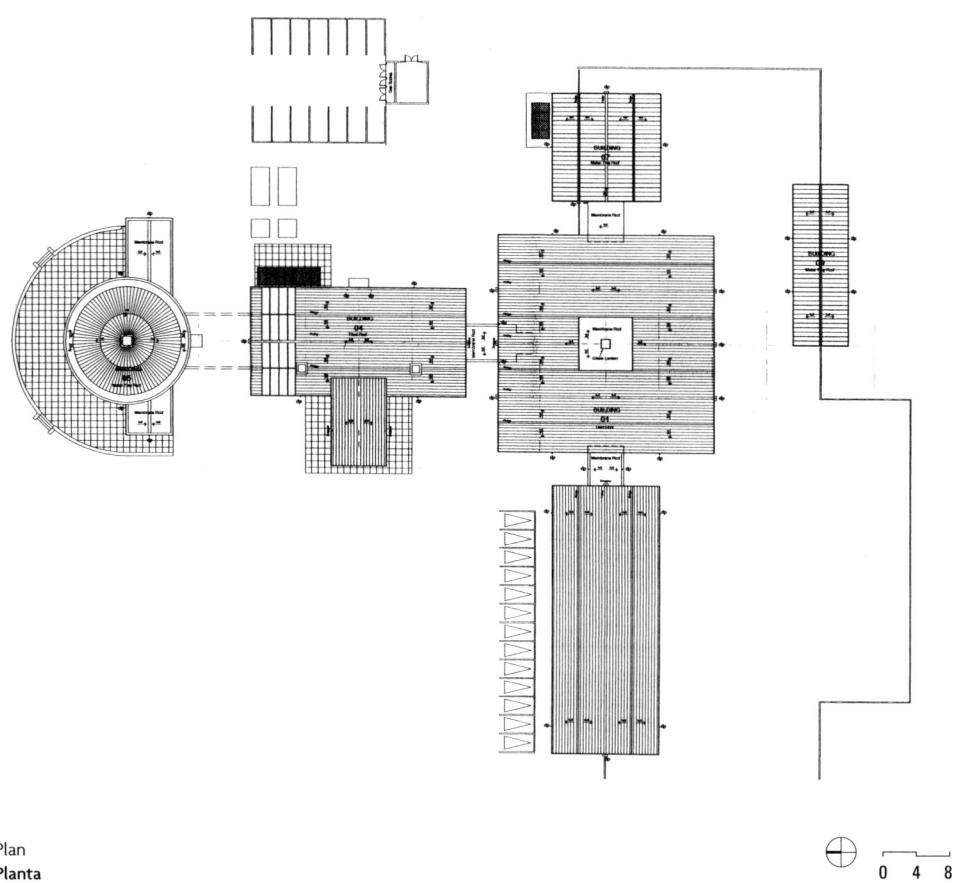

Plan
Planta

Elevation
Alzado

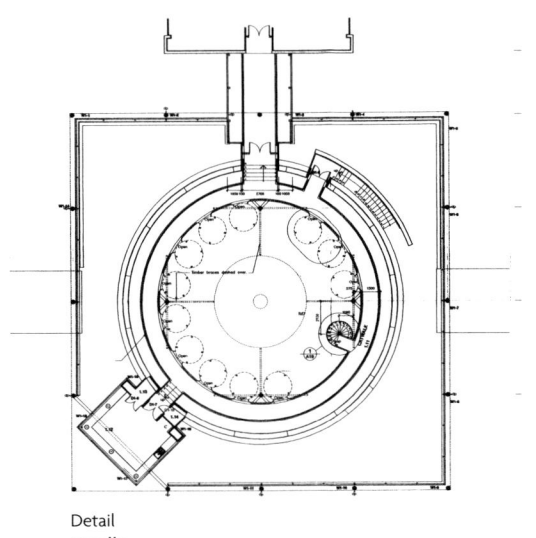

Detail
Detalle

Craggy Range

Craggy Range

Craggy Range

Craggy Range

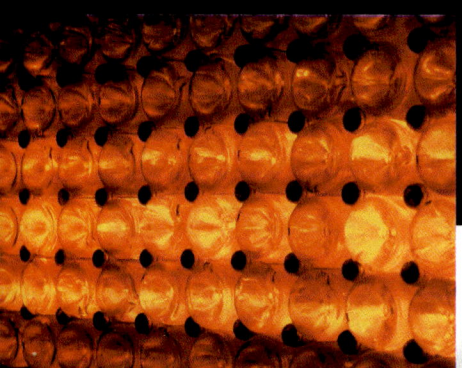

Bottle design
Diseño de botellas

Labels
Etiquetas

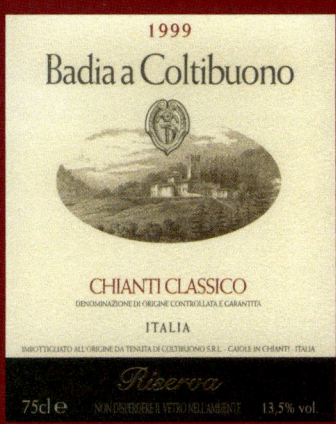

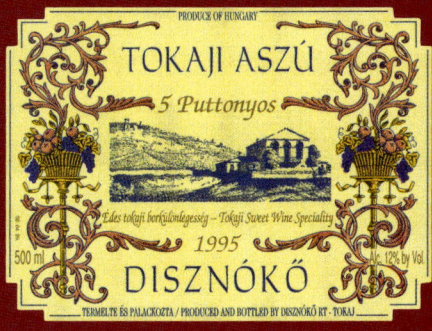
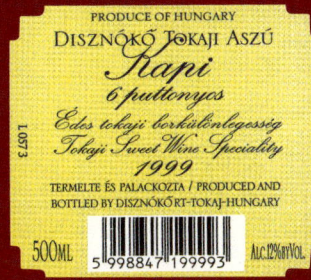
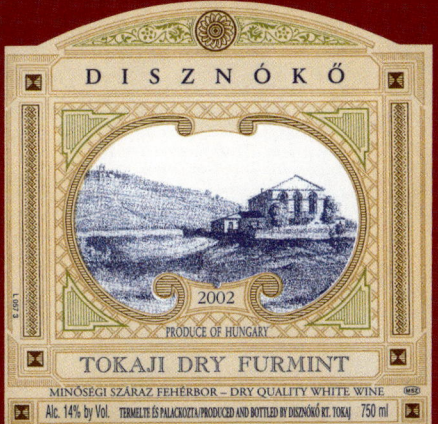

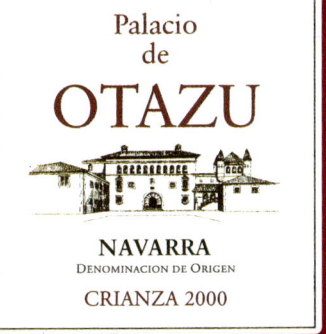

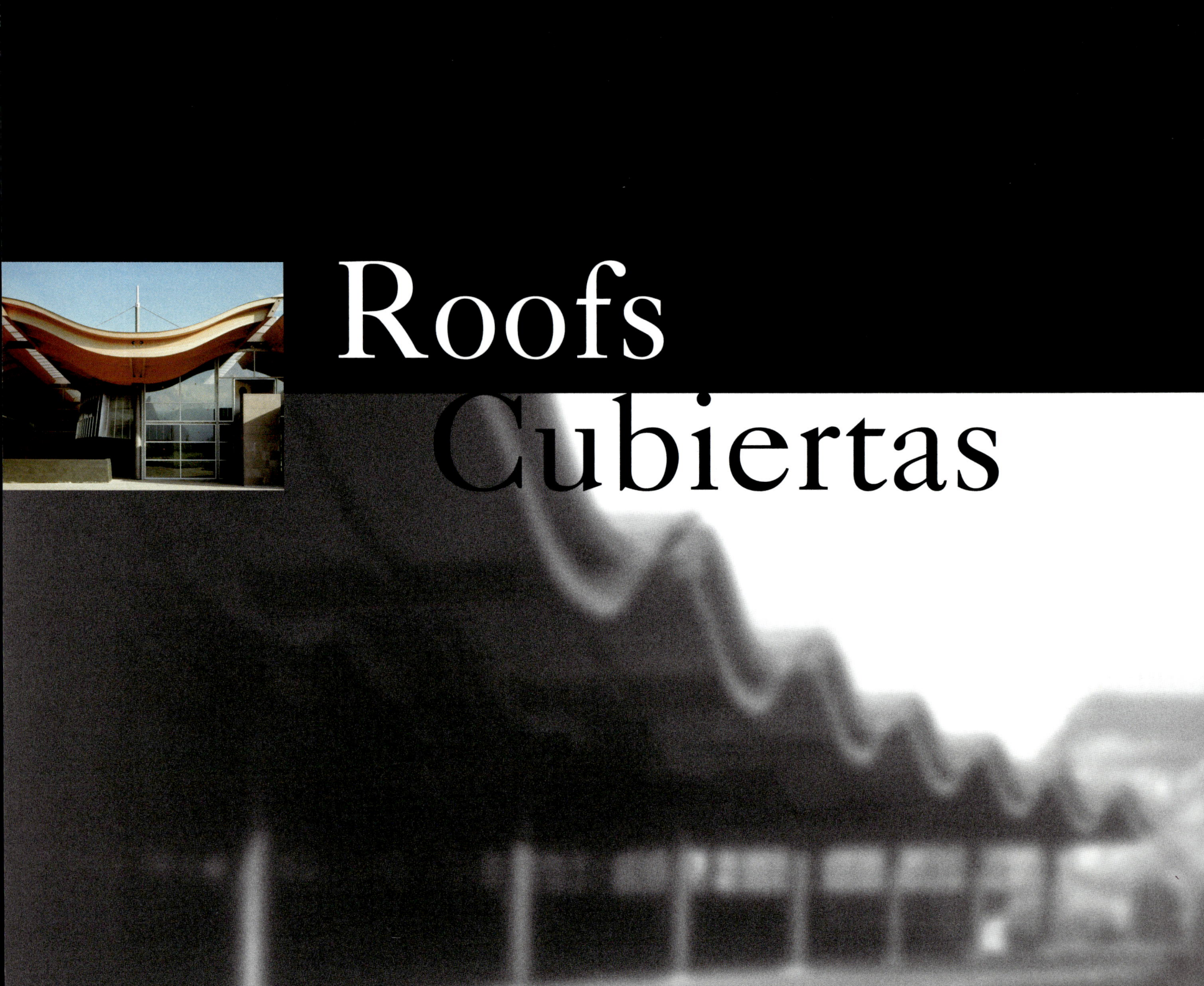

Roofs
Cubiertas

Staircases
Escaleras

Other titles by the publisher Otros títulos de la editorial

La Fundición, 15 Polígono Industrial Santa Ana 28529 Rivas-Vaciamadrid Madrid Tel. 34 91 666 50 01 Fax 34 91 301 26 83 asppan@asppan.com www.onlybook.com

Restaurantes al aire libre
Open-air Restaurants
ISBN: (E/GB) 84-96048-20-9

Hotels. Designer & Design /
Hoteles. Arquitectura y diseño
ISBN: (E/GB) 84-89439-61-3

+Hoteles. Designer & Design /
+Hoteles. Arquitectura y diseño
ISBN: (E/GB) 84-96137-14-7

Oficinas. Arquitectura y diseño /
Offices. Designer and Design
ISBN: (E/GB) 84-96137-57-0

Lofts. Arquitectura y diseño /
Lofts. Designer and design
ISBN: (E/GB) 84-96137-16-3

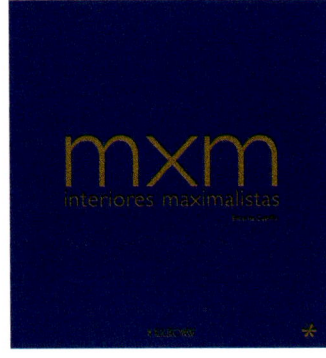

Interiores maximalistas
ISBN: (E) 84-96137-38-4

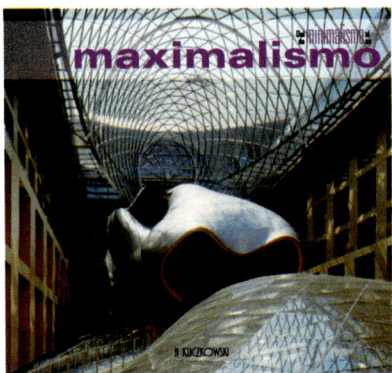

Del minimalismo al maximalism
Do minimalismo ao maximalismo
ISBN: (E/P) 84-89439-76-1

Bars/Bares
ISBN: (GB/E) 84-96241-06-8

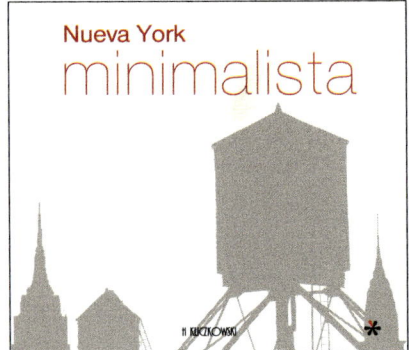

New York
ISBN: (E) 84-96241-66-1

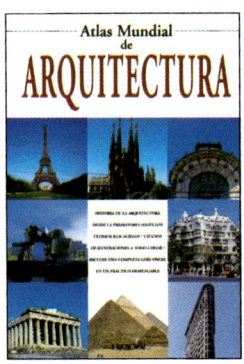

Atlas mundial de arquitectura
ISBN: (E) 84-96137-04-X

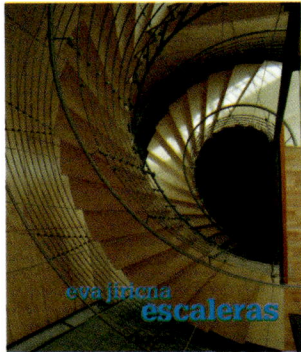

Escaleras
ISBN: (E) 84-89439-26-5

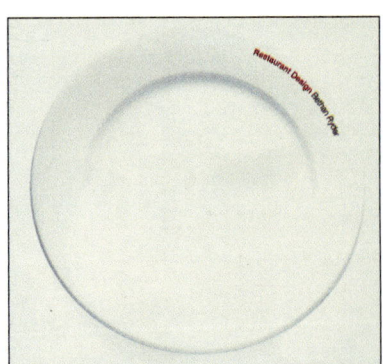

Diseño de restaurantes
ISBN: (E) 84-96241-17-3

E: Spanish text/texto en español   GB: English text/texto en inglés   P: Portuguese text/texto en portugués